一本书玩转淘宝七大引流利器

《卖家》 编著

中国友谊出版公司

目录

序言

做淘宝就是一场打怪升级的游戏

“我隔壁大爷二闺女的小舅子做淘宝店盖了三层楼。”

“高中同学啊，大学都没读，现在在网上卖鞋子，同学聚会开宝马呐。”

“Mike 呀，海归有什么用，我们扣完税还抵不上人家一个淘宝皇冠店老板的收入。”

如此这般，网络造富的传说相信你一定听得很多。这些故事如同机场那些给打了鸡血的励志大师那样，带给我们对财富、生活的种种幻觉与向往。

与世界船王、华尔街经理人不一样的是，这些人离我们太近，这些暴富的路径看起来太好实现，几乎所有的人都被“走，去淘宝上开店”的故事蛊惑过。

但是，骨感的现实是什么？

淘宝网创立已经十余年，有过 600 万的注册卖家，真正的活跃用户走到今天，也就 200 多万个。

为什么马云会放出“双百万计划”(重点培养100万个销售额达到100万元的商家)?

为什么几年前获取一个用户的成本是几毛钱，而当下获取一个新用户的成本是50元?

为什么早年创造奇迹的标杆集市卖家，现在所剩无几?他们都去哪儿了?

问天问大地，为什么每当想要投身一场轰轰烈烈的发财梦中去时，却已经错过了最好的时刻?

做淘宝就是一场打怪升级的游戏。

每一个人都是从裸奔的菜鸟开始，每一次杀怪升级都需要大量的攻略与装备。非常不好意思地告诉你，流量免费的红利期早已结束。能活下去并且活得好的人，他们在不停地升级装备和武器，亦常常挑灯夜读所有与这场全民狂欢的游戏相关的攻略规则。

好吧，至少还有一点好消息，“知识可转化为生产力”是一条很朴实的真理。你的高中同学或许单词不认识几个，但是你得相信，如果你真正跟他请教过，他会口吐白沫告诉你三车关于怎么装修店铺及采购流量的话题。

这本书，也许不能让你成就另外一个网络暴富的传说，但当你真正地潜心研究过后，它能带给你的是一个网店基础运营的常识。如果运气与头脑再好一点，它还能带给你一场创业的小型狂欢。

淘宝是一场打怪升级的游戏，或许与运气有一点关系，但是我们总是唯物地相信，知识改变命运。

恩　雅
《卖家》执行主编

第一章

聚划算，到底是天使还是魔鬼

一天成就一皇冠——解读聚划算现象

大约从 2010 年 4 月开始，淘宝网江湖中就有了一个传言：一天成就一个皇冠。

这个说法来源于一名参加聚划算的卖家在论坛上发的一个帖子。该帖子描述了他参加聚划算之后既兴奋又纠结的经历：他将一款原价 29.9 元的童装以 9.9 元的价格用于参加聚划算，该童装刹那间狂销了 2 万余件，但与此同时，他的客服及发货体系却因订单过多而彻底崩溃。

淘宝网 SNS(社会性服务网络)的相关负责人表示，这并不是一个极端案例。参加聚划算的基本条件就是能够提供 1000 件以上的商品，而这些商品通常都会在活动推出后的几个小时之内就被抢拍完毕。因此，聚划算的买家，常常会发现到了中午，聚划算里的商品大多都已经下架。

2010 年 3 月底，聚划算平台上线。当时，聚划算每天推出 4 个团，每个团每天只推广 3 件单品，每款单品的成团数量不少于 1000 件。每天更新 2 次，分别是早上 10 点和下午 2 点，每个团一天至少可以卖出 3000 件商品。聚划算的成团率始终非常高，商品无法成团的几率仅有 1%。根据调查显示，参与团购的消费者 76% 为女性，月收入大约在 2000～4000 元之间，并且绝大多数拥有 3～5 年的工作经历。因此，团购消费者是一群有时间和有消费能力的人群。

周末疯狂购和秒杀的兴起与终结

事实上，淘宝网每年都会打造一两个具有品牌效应的拳头型活动。曾经的周末疯狂购和 2009 年红极一时的秒杀都仅靠一轮活动就创造出上百万销售额，并在接下来一段较长的时间内影响了整个淘宝网的活动模式。

周末疯狂购自 2007 年开始成为淘宝网的主推活动，延续了 100 多期。活动的运营模式为：运营小二在掌柜上报的商品中挑选出性价比高的商品，组成一个商品数量在 90~100 个的商品集合页面，采用大量资源引入流量，引发购物狂潮。此外，周末疯狂购申请了注册商标，第一次将活动的名字品牌化，形成了固定的购买群体。但该活动对资源的依赖程度相当高，对促使买家持续购买商品的作用不大，这也是后来资源量减少活动效果就迅速衰退的主要原因。

2009 年，淘宝推出以一元手机为代表的各类超低价商品，由此引爆了秒杀活动的狂潮以及秒杀的活动效应。秒杀是一种将低价策略发挥到极致的运作方式，能够在短时间内吸引到大量的眼球。但它自始至终都只是一种促销手段，而不是一个品牌性的活动，活动的延续性也没有保障。秒杀追求的是打破常规的低价。无论商品的品质如何，商品的价格都必须控制在 10 元以内，否则便不足以被称为"秒杀"。换句话说，秒杀是亏本攒流量，卖家为了降低推广成本，势必降低秒杀商品的品质。而买家对低品质的商品并不感冒，因此逐渐进入一种见"秒杀"就烦的境地。

2010 年，聚划算一出现便如星火燎原般蔓延，现今早已达到了当年那些活动的火爆程度。但是聚划算又似乎和以往的活动有所不同。如果说周末疯狂购和秒杀还只是促销手段的话，那么聚划算则当之无愧地成为了一种淘宝网新兴的营销模式。

新兴的聚划算模式

聚划算是淘宝网的团购活动。受美国 Groupon（美国团购网站）的影响，国内团购网站如雨后春笋，纷纷破土而出。淘宝网涉水团购已经很久了，但是直到聚划算上线才标志着其真正开始聚集力量，将团购活动打造成为一个品牌活动。

聚划算的本质是团购活动，但如果仅仅做团购，聚划算就很可能走上“秒杀”的老路。而当引入了 SNS 以后，聚划算就蜕变成了一种营销模式。

首先，聚划算对商品的选择是有一定倾向的。为客户推荐的商品都经过计算和匹配，使之尽量符合登入用户的购买动机。其次，聚划算供用户选择的商品数量不多，用户的注意力高度集中，想买就要快。这样买家就不会迷失在选择的迷宫之中，可以尽快作出购买决定。最后，SNS 的特点就是好友给好友推广信息。有了一个聚划算的忠实用户以后，就会连带将这个用户的购买信息传递给他周边的朋友。同样的，在一个团没有满团之前，这些用户也会通过拉动周边的朋友参团，以满足团购的条件。如此的连带效应，只有 SNS 的平台才可以实现。

通过 SNS 的运用，活动的传播效率得到极大的开发，购买转化效果被极大地提高。聚划算的流量几乎没有浪费，只要每个团能获得大约 10 万的流量，就可以完成整个团所有团购商品的销售。因此，每当一个团的流量满了以后，流量就会被导入到另外一个团中。而流量不够的时候，又可以通过淘宝网资源引入小部分流量，这些流量又能带进来更多的流量。SNS 能迅速弥补流量不足问题，从而将成团失败率控制在 1% 以下。

以往，一个活动几十件商品都是由一个运营小二单独执行的。因此，活动本身仅仅是商品挑选，商品品质无法保证。而聚划算采用团长负责制，一个运营小二只负责一个团，一个团仅三件商品。因此，在活动运营的过程中，团长还有时间和卖家洽谈商品选择、让卖家寄商品样品、指导活动准备工作、提高服务质量等。如此下来，聚划算推荐的商品有品质保障，其口碑自然也越来越好。当口碑的积累达到临界点后，聚划算的流量便呈现出急剧爆发的趋势。

以往的秒杀活动，最让卖家纠结的就是不知道是否会亏本。造成这种情况最主要的原因在于，秒杀本身的形态使得它只能吸引人气和消费能力不佳的用户。这类用户只是抱着捡便宜的心理，碰一碰运气，秒到就走，不便宜不买。

聚划算则一直以来以“推荐某一类高性价比的商品”为主导形象，参加活动的商品不是一味只求低价，而是追求高性价比。吸引的买家也是一群真正想要购买某一类商品的人，他们在参加团购的时候，甚至会连带购买店铺里的其他商品。

聚划算的技术含量

作为淘宝网主推的活动，聚划算推出了活动的独立域名 ju.taobao.com。通过域名，客户能时时刻刻登入活动页面，这使得活动有了非常强的延续性。因此，活动对流量的需求并不是特别大。

除了独立域名，聚划算的技术特征还体现在如下方面。

首先，聚划算采用独立的团购系统，主推单品的销售金额并不会在前台显现出来，因此不影响主推商品的价格体系。

其次，聚划算缩短了整个交易流程，这使得卖家能够用最简单的路径参与团购。之前的团购项目，卖家需要在买家拍下商品后在后台修改价格，而从聚划算端口进入的买家可以直接以团购价格拍下，卖家无须修改价格，这样就大大缩短了交易时间。

再次，聚划算可以在买家两小时没有付款的情况下主动关闭交易，一方面把机会留给真正需要商品的买家，更重要的是减少了卖家交易不成功的概率。

最后，聚划算的运营小二可以跟踪整个团购的各项数据，因此在每次活动结束以后，都可以总结经验，把下次团购做得更好。每个参加活动的卖家都会记录成交信息，优质的卖家在未来参加聚划算的几率会比普通商家高出许多。

而且，智能化和人性化是聚划算的追求，具有针对性的开发还在持续进行中。自2010年9月起，聚划算的团购更加精准，在人群引入方面增加了买家的消费习惯等参数。组团也更多地根据细分人群的结果，以此增加团购成功率。

截至2010年年底，聚划算推出32个团，推广单品每日增加到上百个，日均UV(独立访客量)突破百万，且平均每月团购成交额达到1亿元。

电子商务区别于传统商务的最主要特征就是过剩的商品信息和整体销量的爆发性增长。死板的营销并不适合电子商务的发展，虽然团购、低价都是传统的营销手段，但秒杀和聚划算却是对传统的延续和创新。下一个影响电子商务的活动形式将会是什么呢？让我们拭目以待。

（文 | 姚斌　颜思思）

聚划算，不只是清库存

2013 年 3 月 8 日“女王节”，天猫原创品牌长生鸟通过“7 年不分手”活动，在创造该店最高发货量纪录的同时，也一举成为当日化妆品类目销量第一。当天，长生鸟单个聚划算坑位获得了 6 万笔订单，5 款新品一共达成了超过 10 万笔交易。

值得称赞的是，这次活动前后，该店铺的销售额并没有丝毫震荡。这是因为长生鸟没有将聚划算当作一个甩尾货清库存的渠道，而是当作新品发布的活动来运作，期间准备了整整一年，堪称精细化运作的典型案例。

准备，历时一年

“7 年不分手”活动的定位是新品发布，不仅是为了冲销量、当一次“女王节”销量冠军，也有提升品牌效应的目的。

销量和品牌效应双重要求的实现首先从选款开始。由于上聚划算的商品为新品，以往选择爆款上聚划算的方式行不通了，也不会有大量的参考数据。考虑到化妆品受“有效期”因素影响，备货风险很大，因此长生鸟选择 C2B(消费者对企业。即先有消费者的需求，后有企业生产)定制的方式准备新品，理论上可以大大降低销量不佳的风险。

从 2012 年的 3 月底开始，长生鸟就开始为 2013 年的活动作准备，而 2013 年的“女王节”就成为了被精心准备的对象。一般来说，化妆品的销量有季节性指向，四季流行的商品不大一样，因此“7年不分手”的活动调研被分阶段地布局在各个时期。

在调研中，品牌方从年龄、收入、肤质等角度对目标群体进行了区分，共选择了1000个样本，以求尽量贴近和涵盖所有顾客的购物特征。最后，长生鸟选出了参加活动的5个新品款式：BB霜、眼霜、珍珠粉、精华乳、蚕丝面膜。另外，这次调研亦确认了活动新品的包装和价格区间。例如，细节上顾客喜欢蚕丝面膜远多于无纺布面膜；撕口式瓶子珍珠粉密封性更好，给人感觉更卫生等；而商品价格则在30～150元不等的5个区间内。

最终的销售数据也印证了C2B策略的成功。最重要的是，备货量和销售量相差不大，没有压货风险。活动期间80%订单来自新顾客，说明活动确实达到了吸收新顾客的目的。

从成本角度上，调研花费仅限于人工成本。而通过深度调查，品牌了解了顾客的职业构成、年龄、月收入、购买频率和周期、使用品类、使用目的、购买原因等各种详细信息。这些信息可以为其未来至少一整年的活动提供精确参考。

围绕“女王节”这个活动主题，长生鸟打起了为顾客定制明星款的主意，这也成为“7年不分手”活动主打的营销牌。

品牌方和电视剧《七年之痒》合作，为新品成功镀金，大大提升了新品的声望。同时，品牌方邀请了知名插画师特别设计了印有卡通形象的外包装和赠品，迎合年轻消费群体。

此外，由于该剧集合了各大卫视的当家主播，曝光度势必不错，考虑到剧集受众也比较贴近消费群体，因此从赞助价值上来说，对接很成功。

说到赞助电视剧，其实投入并不大。当品牌方听说《七年之痒》节目组正在诸暨拍摄，便主动上门寻求合作，还选择了参演该剧的明星李金铭为品牌代言。因此从长远来看，这笔投入更像长期的品牌宣传，新品发布只是搭了顺风车而已。

最后，跨界除了提升品牌价值，也对新品销售起到很大作用。该剧在2013年播出，而此时新品已累积大量的销售评价和搜索权重，价格已恢复到正常水准，这无疑将带来丰厚的后续销售利润，让店铺持续获益。

蓄水，不是截流

参加过聚划算的很多卖家会感觉活动前后销售额有很大的变动，所有的交易像被截走了一半。而这次“7年不分手”活动，最大的亮点在于活动前后没有丝毫的销量震荡，这是由于整个活动在定位上做到了以发布新品为中心，在技巧上又做到了以做好蓄水为中心。

在农历新年过后的2月21日到26日期间，长生鸟上线了一个名叫“标注爱的发源地”的小游戏，即通过让顾客标注和恋人初次相识的地方，预告“5款爱的精品”。趁着情人节的余温，该游戏吸引了6万名顾客参与，为“7年不分手”活动第一次成功预热。

配合着“标注爱的发源地”活动，品牌上线了第二个游戏“捕捉爱之珍珠”。该游戏以10份价值3000元的旅行奖金诱惑消费者玩游戏、拿优惠券，继而收藏店铺并关注新品首发。通过这个游戏，店铺在活动前夕一举累积了4万多次收藏。

同时，在前两个游戏的基础上，品牌还在乐活+平台开展了“我的爱情保鲜秘诀”话题互动，在淘金币频道开展了任务箱子活动。店铺以爱情为主题串联活动，5款新品对应五大爱情宣言，持续吸引了淘内流量。

通过互动游戏吸引到一些前期关注后，2月27日到3月4日期间，长生鸟再接再厉，于试用超市派发了多达20万份的小样。大量的小样派发得到了试用平台的支持，三天的频道首焦使得活动的关注度再度攀升一个台阶。

由于品牌前期在淘宝旅行、乐活+、试用超市成功吸引了顾客关注，因此在品牌方联系淘女郎平台时，也同样得到了支持，淘女郎回馈了品牌方 40 份试用报告。

将试用超市得到的试用报告用于刺激老顾客，将淘女郎试用报告用于商品详情页说服新顾客，这样的举措消除了新老顾客的最后顾虑。同时，大量小样的派发除了提升曝光率，在销售额上也成功带来了至少 10%的订单回流。

3 月 5 日开始，活动进入最后的阶段。品牌方开始在新浪微博和腾讯微博大力宣传，比如在新浪微博举行了“爱之初体验大转盘”活动，让微博红人和老顾客们带动微博关注，成功升到微博活动首页，而另一个“美眼达人砸金蛋”活动则成功地占据了热度活动首页第二的位置。微博活动吸引成交的可能性并不大，但是却成功提高了活动的影响力，为最后的营销冲刺赚足了眼球。

由于预热期间频繁在淘内淘外曝光，这期间活动吸引了聚划算平台的关注，团购预告也开始为活动的 MiniSite(活动网站或会议网站。企业配合市场运作推出的小型网站)页面导入流量。此时，品牌方开始大量投入淘宝首焦等付费资源，引入所有流量进入活动 MiniSite 页面，最终让所有流量进入了战场。

举行活动其实就是整合资源的过程，每次大促都会有很多卖家感慨没有得到官方资源的支持。但话说回来，打铁还需自身硬，只有卖家做了充足准备，官方才会有给予资源的可能。平台也想要销售额，没理由不将有限的机会给予那些准备更充分的卖家。现在，从卖家的角度来看红海淘宝网的营销，精细化运营、资源整合能力已经成为丰收的起跑线。

（文 | 赵军）

1000 元坑位如何一天卖出 9000 单

上聚划算是种甜蜜的负担。

倘若把成本加进宝贝价格中，价格并无优势，该如何促使买家买单？倘若产品毛利很低，就必须用销量来维持盈利，但如果销售不佳，或退换率超过某个临界点，最终便可能落得一仓库的积压货。这些问题该如何解决？

2013 年 5 月 5 日的聚划算，布衣传说以 1000 元的价格拍下坑位，共卖了 9187 条牛仔裤。当天聚划算流量 5 万多，单品转换率 14.90%，营业额 97 万，整店转换率 11.42%。

TIPS

参与聚划算活动的牛仔裤 2013 年 4 月部分数据

浏览量：16981	拍下件数：842	宝贝页成交转换率：5.27%
访客数：12057	拍下金额：149876 元	
跳失率：62.11%	支付宝成交量：658	

TIPS

2013 年 5 月 5 日布衣传说店铺经营状况

浏览量：203926	平均访问深度：1.95
访客数：95801	支付宝成交件数：12531
客单价：95.85 元	支付宝成交笔数：12293
成交用户数：10133	支付宝成交金额：971259.06 元
单品转换率：14.90%	全店成交转化率：10.58%

不妨来一起看看布衣传说旗舰店掌柜分享的成功经验。

首先，如何修炼扎实的店铺内功是掌柜需要考虑的问题。

聚划算不单单是一场出销量的活动，更应该是店铺运营的一部分。所以，在做聚划算团购活动之前，掌柜必须确保自己店铺的运营正常而且健康。

为什么首先要提到店铺内功？该项判断的得出有赖于消费者的消费习惯和消费诉求。一般情况下，抛开产品本身，消费者更趋向于知名品牌或者购买过的店铺。如果遇到口碑不好或之前购买过但用户体验很差的店铺，消费者很可能便不会再购买该店铺参加聚划算的宝贝。试想，如果客户从聚划算进入了你的店铺，这时候却发现店铺风格混乱、宝贝不相关、销量很低、店铺 DSR（卖家服务评级系统)很低，相信很多消费者都会选择离开。因此，只有练好店铺内功，参加聚划算才能更加得心应手。

其次，在挑选宝贝参加聚划算之前，必须以买家的心态来关注聚划算。

如果经常关注聚划算，关注其他店铺卖得好的宝贝的优点，保存图片和文案，心里便会对聚划算的宝贝有个初步的判断。这样自己参加聚划算时，就不会再选择烂款、提供烂图，也不会在搭配文案的时候失手。

复次要考虑的问题是选款。

选款很重要，不是说款式一定要好看，而是说款式一定要契合聚划算消费者的需要。那么，参加聚划算的人群需要什么样的产品呢？参加聚划算的人群大多比较理性，因此商品必须首先具有高性价比和高品质感，低档、低价货和旧货都不见得有市场。因此，一旦哪家店铺把聚划算当作清旧货库存的入口，销量便会奇差无比，根本达不到聚划算应当达到的效果。在挑选宝贝的时候，掌柜必须依据数据以及买家评价选出自己店铺的优势产品。

对于选品，我的经验是：最好选择应季、用户需求大的商品；店铺本身就热卖，转换率高、用户评价好、产品收藏多的宝贝也可以考虑；产品需易于包装且不易损坏，如此一来便能降低损耗；SKU(最小存货单位，有时亦指单品)颜色和尺码多一些，便于更多人选择；不要假货，不要贴牌，更不能偷工减料，品质要和店铺里的商品一致甚至高于店铺内的商品；价格不能过高，除非你的品牌有很大影响力；和店内商品有一定关联，带动关联销售。

再次，优化引流图也是必须要完成的工作。

不一定要在图片上写太多文字，图片的说服力永远是大于文字的，这就是所谓的“一张好图胜过千言万语”。

图 1-1 是布衣传说在报名聚划算之前做的引流图，比较粗糙。

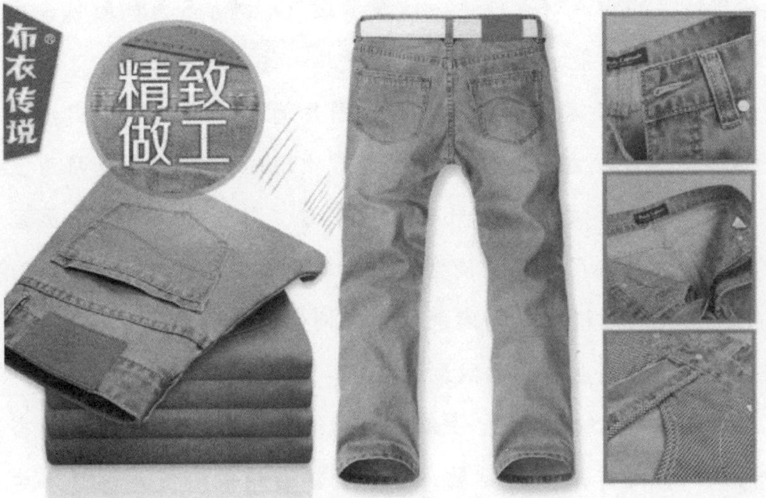

图 1-1　参加聚划算前的宝贝配图

图1-2则是聚划算团购活动当天使用的图。

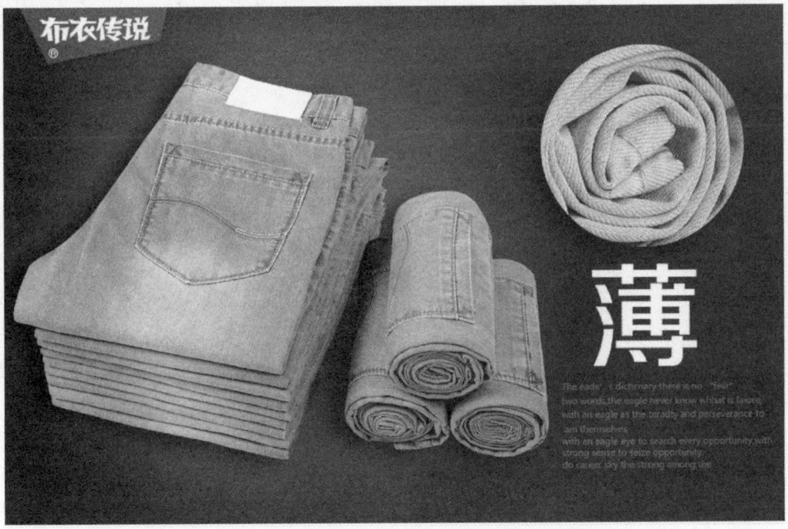

图 1-2　参加聚划算时的宝贝配图

这款牛仔裤的卖点就是浅色、清爽、透气、薄。5月的时候，天气已变热，因此我们要尽可能最直接地表现出产品的优点和卖点。

对于引流图，我建议是：一方面，图片简洁、清晰，突出卖点，精准定位目标用户；另一方面，切勿盗用经常出现的热图。这是因为，图片中包含多重色彩和太多文字会分散买家注意力，图片清晰简洁则更容易突出商品的品牌感，而盗用图片会使宝贝产生很强的山寨感，影响消费者购买。提醒一下，宝贝的质检标志和闪电标志会挡住部分图片。

最后，整合营销也是需要做到的点。

因为聚划算平台本身就能带来很大的流量，所以参加聚划算当天基本不用专门使用直通车或参加钻展，整合资源营销便能使聚划算平台带来的流量得到最大限度的使用：第一，大搞店铺促销活动，例如在参加聚划算当天开展单件包邮、满减活动；第二，做好关联营销，找出关联度最好的宝贝与之关联搭配；第三，着手SNS营销，上聚划算的前一个礼拜，开始在微博进行有奖转发活动，所有的旺旺自动回复今日聚划算的相关信息；第四，一一通知老客户，送优惠券，老客户的ROI(投入产出比)，我们曾做到过1:100。

除了以上之外，还要对店铺进行整体优化，突出品牌感，并且优化宝贝详情，突出品质感。同时，还要注意售后服务，入仓、发货保证在24小时之内。

（文 | 布衣传说旗舰店）

拉手起跑线——聚划算新规则解读

增加流量带动销售额，宣传品牌赢得知名度，这些都是商业推广的永恒目的。聚划算作为淘内流量喷泉，一直都是所有卖家跃跃欲试的地方。2012年，聚划算官方发布了违约金机制，同时取消了KA(即Key Account，重要客户、重点客户)商家和专团机制，这对卖家来说是一个怎样的信号?

违约金不是冲动的惩罚

很多卖家都想参与到团购平台中来，每天大约有3000多件商品参与报名，而真正获得机会的商品仅有180个。聚划算平台每周会出现大约20个违约卖家，违约行为包括取消、延期、改期、退出参团以及发货速度过慢等。这样的行为一来浪费了聚划算的人力资源，影响团购规划；二来浪费了有限的机会，损害其他卖家的利益；三来发货太慢还会影响买家的购物体验，降低团购热情。而违约金机制将针对以上违约行为作出惩罚，惩罚方案包括1000元违约金、没收竞拍费、停止合作3个月、店铺扣分4种具体措施。

为了防止违约，卖家需要做到以下两点：第一，团购活动中，在缴纳保证金、备货、发货以及质检上很容易发生违约，所以卖家参团前务必先了解自己的商品数量、资金实力、人力资源状况，然后再根据自己参团的商品数量准备好相应的保证金和商品；第二，卖家应该检查自己的团队是否有能力应付过多的询单和发货量，及时增加临时客服、打包发货人员以增强实力。

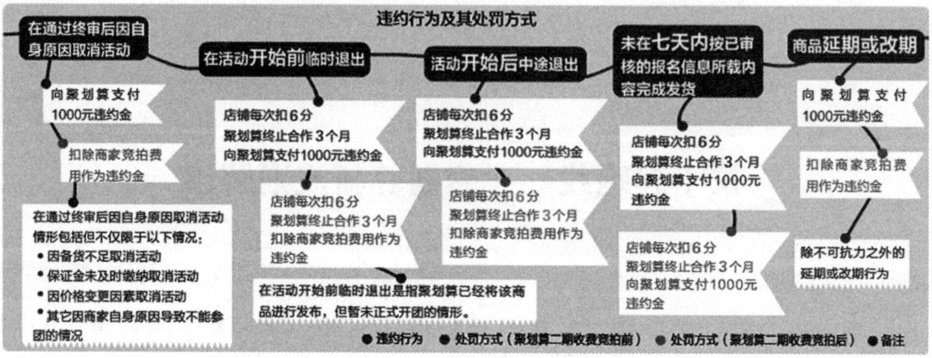

图 1-3 聚划算违约行为及其处罚方式

TIPS

聚划算规则细读

1. 违约金的缴纳方式：主动缴纳，否则聚划算将终止合作，直至违约金缴清。

2. 价格变更：主要针对提高价格(不论多少)，鼓励在不变更商品和质量的前提下主动降低价格。

3. 在开始团购前退出：指团购商品在“即将开始”状态时退出(“我想团”频道将会取消)。

4. 商品延期或者改期：指在二审确定排期后无法开展团购的情况(审核系统化之后，排期将在终审后确定)。

5. 因不可抗力延期或者改期的前提：卖家能提供合适的相关证明(自然灾害、车祸等)。

6. 竞拍费：比如有9位商家竞争某类目的3个团购位置，则需要采取竞价途径上团购，竞价方式为荷兰拍(一次拍卖多件相同物品，价高者得)。

申请参团成为圆桌会议

除了发布违约金机制之外，聚划算官方还取消了 KA 商家。

先前，聚划算平台的高级商家分为三类：A 类——阿里巴巴集团旗下子公司及聚划算创新业务合作伙伴、B 类——聚划算官方主动邀约的战略合作伙伴、C 类(KA 商家)——以商城旗舰店、专卖店、电器专营店、集市皇冠店为主。

表 1-1　初级认证商家标准和参团流程

	商城	集市	良无限	备注
商家星级	无	5 钻及以上（特殊类目除外，详见下图）	5 钻及以上（特殊类目除外，详见下图）	
开店时间	3 个月及以上	3 个月及以上	3 个月及以上	
商家好评率	无	98%及以上	98%及以上	
参与的消保服务	7 天无理由退换货	消保	消保	
宝贝与描述相符	4.6 及以上	4.6 及以上	4.6 及以上	
商家的服务态度	4.6 及以上	4.6 及以上	4.6 及以上	
商家的发货速度	4.6 及以上	4.6 及以上	4.6 及以上	
店铺动态评分	300 以上	300 以上	300 以上	
实物交易比例	80%以上	80%以上	80%以上	虚拟卡卷除外
品牌授权	非品牌旗舰店出售品牌商品需提供品牌授权	非品牌旗舰店出售品牌商品需提供品牌授权	非品牌旗舰店出售品牌商品需提供品牌授权	

在取消 C 类商家之后，这批商家会被纳入到统一体系中管理。而高级商家之中将仅存 A 类和 B 类，且只有被官方邀约才能出现新的高级商家，一般的卖家将不再获得晋升机会。以上新规则会使商家团队不再有那么多的等级之分，参团标准简单化。规则变动后，高级商家只占非常小一部分，曾经的 C 类商家将和普通初级卖家的宝贝处于同一水平线上，报名资格也将处于同一起跑线上。这就使所有宝贝如同参与了盲选赛制，从而保证了一定的公平性。

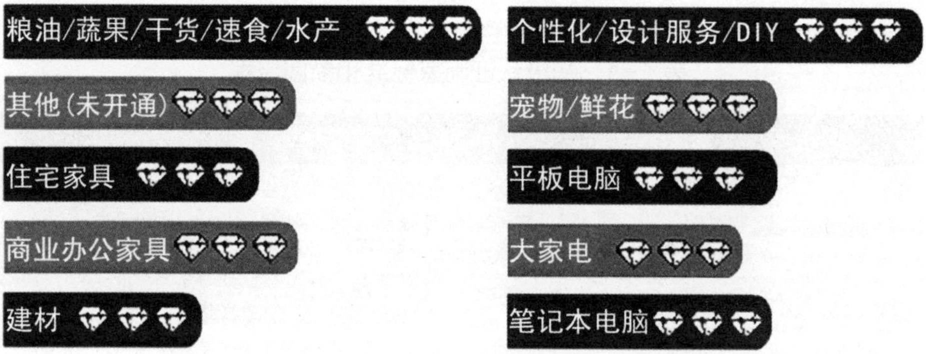

图 1-4　特殊类目星级(集市店铺)要求

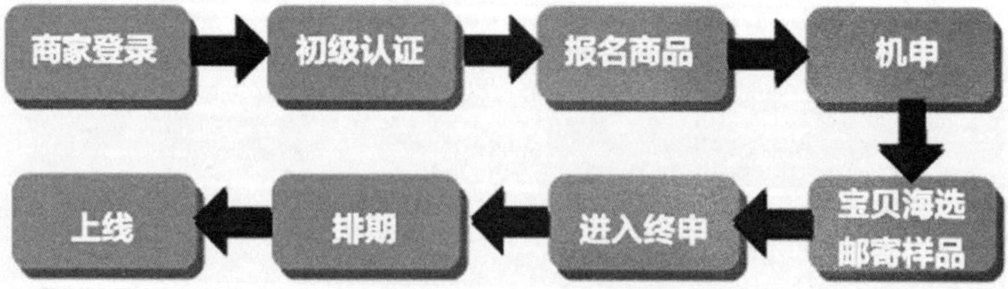

图 1-5　聚划算参团流程

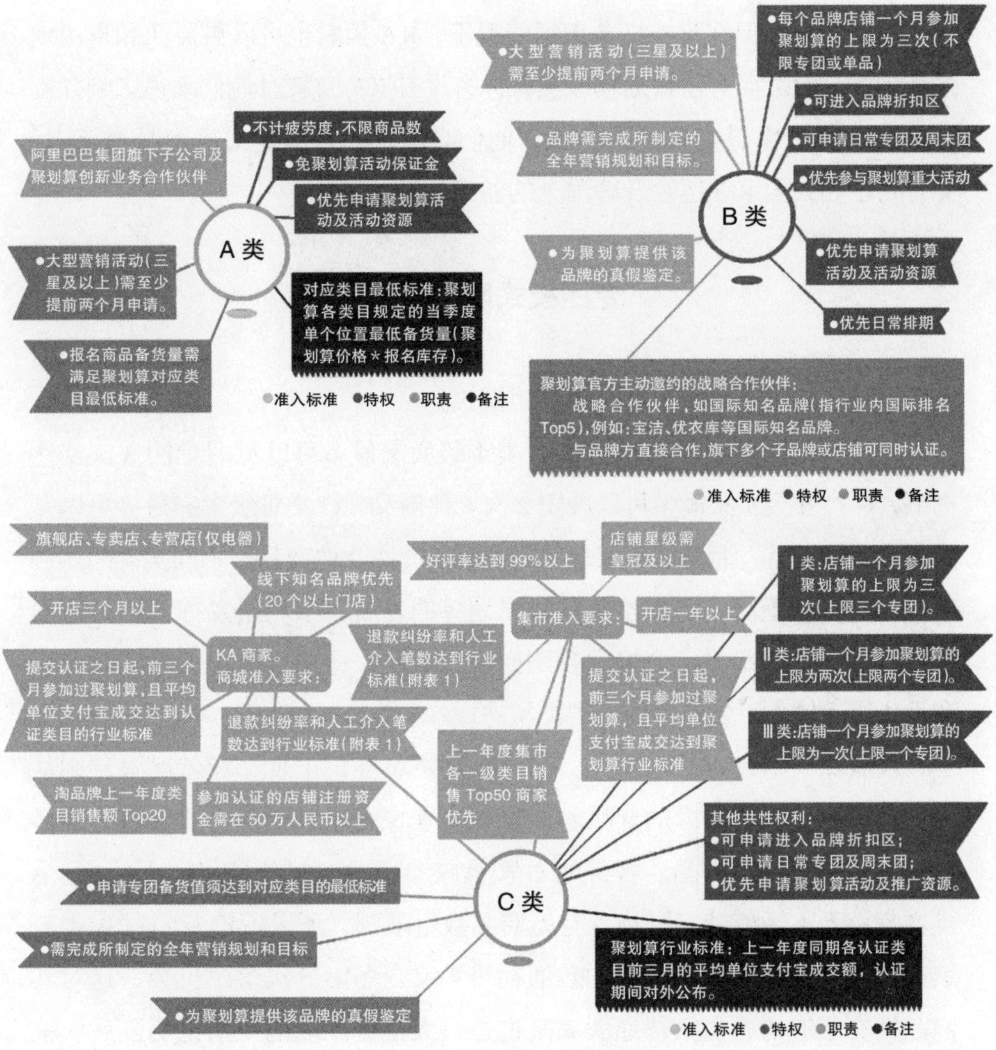

图1-6　高级商家准入标准

取消C类卖家后，A类和B类卖家不受任何影响。原KA商家虽说失去了一些特权，但在没有义务束缚情况下，KA卖家也可以更灵活和自由地制定团购方案。而对于普通初级卖家，有没有KA商家对他们来说影响并不大，因为若想赢得更多参团机会，他们必须做的依然是提高商品诱惑力、弥补自己和大卖家在运营及管理上的差距。

专团模式隐退江湖

聚划算的第三项新规是取消专团模式。

在先前专团模式下，B类和C类Ⅰ级卖家最多可以每月参团3次9件商品，C类Ⅱ级卖家最多可以参团2次6件商品，C类Ⅲ级卖家最多可以参团1次3件商品，而普通卖家每月只能参团2次2件商品。不同卖家的团购次数和商品都不同，这反倒会局限聚划算的发展，不利于发挥团购的正面效应。例如，高级卖家会追求参团商品的数量，这便容易造成参团时备货和发货压力较大，使自身处于混乱状态。

以后除大型官方活动之外，专团机制将不会再出现，疲劳度限制则从每月两次放宽成三次。这意味着，除A类卖家外，其他所有卖家每月最多只能参团三次三件商品。曾经的C类商家参团的宝贝数量将大大减少。A类商家由于不受疲劳度影响，且无商品数量限制，所以取消专团对A类商家来说没有任何影响。原来的普通初级卖家则多出一次参团机会，这对其商品拥有足够诱惑力的普通卖家来说是一大福音。取消专团说明以后卖家必须将更多的时间和精力投入在发货、售后处理等工作上，以此提高顾客满意度，实力不足、服务不好的卖家将逐渐远离聚划算平台。

TIPS

专团和疲劳度

1. 专团：一次参团同类目下的三件商品。

2. 疲劳度：这是一个时间限制机制，新规定限制商家每个月最多参加 3 次活动，每次参团的时间间隔需要在 5 个工作日以上，且上一个团购活动必须已圆满结束。

公平买卖、竞争是市场的要求。减少人为因素干预，让市场选择优质的宝贝参团，这是聚划算的追求。新规则将使买家有更多机会能遇到优秀的商品和卖家，而卖家将得到更多的经营主动权。参与团购时，卖家必须认识到团购的积极面，也必须达到团购对卖家的高要求。无论是团购前、团购中、团购结束后，卖家都应该以努力提升服务为目的，这样才能最大化地享受团购乐趣。

（文 | 赵军）

聚划算真相

生于淘宝网平台，让“聚划算”这个项目生就一副“富二代”的气质，底子厚实，家境优渥。先天的平台优势加上后天的努力，聚划算在诞生当年便一举夺得国内团购网站成交额第一的好成绩。往后看更长的时间，面对“团长”这把交椅，聚划算摆出了一副一屁股坐下去就不打算挪开的造型。

表 1-2　2010 年中国团购网站交易额排名

排名	网站	域名	开团日期	网站类型	交易额(亿元)
1	淘宝聚划算	ju.taobao.com	2010.3	购物网站	5.2
2	拉手网	lashou.com	2010.3	自主营式购物网站	2.6
3	美团网	meituan.com	2010.3	自主营式购物网站	1.4
4	满座网	manzuo.com	2010.1	自主营式购物网站	1.2
5	糯米网	nuomi.com	2010.6	SNS 网站	1.0
6	大众点评团	t.dianping.com	2010.7	生活服务类网站	0.9
7	QQ 团购	tuan.qq.com	2010.7	门户网站	0.8
8	24 券网	24quan.com	2010.3	自主营式购物网站	0.6
9	团宝网	groupon.cn	2010.3	自主营式购物网站	0.5
10	58 团购	t.58.com	2010.6	生活服务类网站	0.3

数据来源：综合公开资料、艾瑞咨询行业访谈、艾瑞咨询自有监测产品 iUserTracker、EcommercePlus 相关数据理所得。

聚划算的三大造型

当其他网站还在用打折吆喝、用便宜呐喊时，聚划算已然从团购 1.0 的泥潭中悄悄起身，伸出一条腿，奔向了团购 2.0。

从聚划算在 2010 年夏天推出团英国馆种子到秋天团奔驰车，我们就可以看出一些端倪。聚划算的野心早已彰显，拨开满山遍野的商品，站在更高的云端，从商品中寻找话题，成为话题制造机。

“你把自己放高一点，再高一点，到达一定高度后，会得到一种上帝的视线。”这样的角度，不是每个人都有幸能找到的。然而聚划算似乎找到了某种 High 点，它的许多次出手，都具备了新闻媒体领域典型意义的“话题性、主题性、娱乐性”。

让我们回顾一下聚划算在 2011 年推出的几项活动，这几项活动恰恰反映了聚划算所展现出的不同面貌。

例如，由杜蕾斯、冈本等头牌计生品牌推出的团购夜场“天黑请闭眼”。夜间 10 点开团，时间与产品的结合产生了性感诡魅的化学反应。

再比如奥克斯空调推出的“万人定制空调”活动。该活动由消费者定制空调颜色，并采用“团够人数越多越便宜”的玩法，让消费者拉动消费者。奥克斯空调厂家甚至为此项目暂停其他产品的生产达三天之久。同类项目还包括“设计师专场”等。

又如，一家位于遥远新疆的土特产网店推出了“让哈密瓜飞”的聚划算活动，当日销售哈密瓜 1.5 万个，合计约 20 吨重。由于发货量过于庞大，该店铺不得不动用当地 200 人的武警部队。同类项目还包括“让杨梅飞”、“让王八飞”等。

从以上列举的案例便可以看出，聚划算已展现出主题化、定制化和本地化的特征。从以上三种聚划算的全新面貌，我们亦可总结出聚划算的创新之处。

创新之一，从时间的维度，聚划算针对商品特性，分开了早场与晚场。举例来说，白天团购的商品多为食品、运动产品等，而夜场推出的商品会更偏重私人化，例如睡衣、红酒、蚊帐等。

创新之二，从产品的维度，聚划算力推本地化消费，重推“吃喝玩乐”，而不仅局限在卖货上。

江湖传言，上一次要花 20 万？

对消费者来说，聚划算不过是每天提供 150 款商品，参加聚划算也不过是白天看一眼、晚上再看一眼的事儿。然而对于卖家，这意味着什么？这意味着，如果能上一次聚划算，你就会从爆单品走向爆店铺；如果你能上聚划算，你就会从门可罗雀走向人潮汹涌。

因为上一次聚划算能带来巨大的利益，“走，上聚划算去！”成了一句嘹亮的口号，时时刻刻撩拨着卖家的心弦。在聚划算的报名规则没有变化之前，每日报名的商家多达 2000 个。就如同“超级女声”、“快乐男声”一样，倘若有卖家从这场游戏中胜出，就能立刻吸金无数，成为万人瞩目的焦点。显然，上聚划算已经成为众多卖家心目中的彼岸，在那里春暖花开、订单漫天。

然而，从海选到胜出，在这条看不见的虚拟红地毯之后是什么呢？大家都报名了，凭什么有的人能胜出，而 90% 甚至更多的卖家被挡在门外呢？其实，聚划算项目组有一套严密的数据系统，我们称之为“机选”。在这个环节中，店铺信用、动态评分、产品价格等都是权重指数，机器会自动过滤掉那些权重指数较低的店铺。接下来便到了“人选”的环节。

早在2011年，江湖中便有“花20万元，就能上聚划算”的传言。对此，聚划算项目负责人予以否认。他表示，聚划算项目有若干团长小二和一支专职的审核小组，任何商家的商品都必须经过团长小二与审核小组一致审核通过才能参与聚划算，商家走关系的可能性基本为零。

在聚划算审核系统升级之后，每日报名参加聚划算的商家由2000家减少为500家，只是这个工作量依旧繁重。聚划算的5人审核小组每天必须审核500件商品，还有许多小商品由卖家直接邮寄到公司来审核，审核小组的成员时常被无数的包裹掩埋着。

团购本身是没有前途的

2011年，聚划算的几个关键词分别是：物流(与物流宝合作，在全国建立30个仓库，卖家可将商品先发至物流宝仓库)、提升服务(24小时发货，扩大商品类目)、独立域名和认证系统2.0版本。而在聚划算关键词当中，最为重要的则是卖家对团购本身的认识与接力能力。

正所谓“重利之下，必有勇夫”，团购已成为当下最时髦的一种网购形式。团购网站自2010年3月兴起以来便数量暴增，但它们中的大多数却还沉迷在“团便宜”的泥潭里，并未找到适合自己的道路。

“团购本身是没有前途的。”聚划算的负责人坚定地认为，将来的团购网站只会有两种健康的模式：其一，是渐渐成为独立的B2C(商家对消费者，即商家直接面向消费者销售产品和服务)平台，例如拉手网；其二，是依托专业的服务来增值，例如大众点评团。现有的大多数团购网站都还在卖打折商品，这样的行为背后，是卖家资源的不断透支。团购网站一味要求卖家打折、零利润甚至亏本，这其中的健康转化率有几何？消费者对团购的态度堪比对待“一夜的情人”，根本记不住也不想记住，他们更关心的只是下一块肥肉。

有不少卖家认为，大家都挤破了头、挖空了心思上聚划算，其核心就在于：在其他网站，卖家只能倾销商品；而依托大淘宝网超人气的聚划算平台，优秀的卖家就能从爆单品走向爆店铺。这就回到了聚划算重点强调的“卖家对团购的认识与接力能力”上。现今，大多数卖家还停留在对团购肤浅的理解上：因为买家组团，所以可以拿到更好的商家折扣，再用更多的商品、更低的折扣吸引更多的买家。可事情真的那么简单吗？商品的关联销售、单品的转化率等都是深刻的课题，只有把其吃透吃深的人，才能找到那串通往财富与荣誉的密码。

我们一直在强调，一个真正优秀的商业模式就是“自己能够复制自己，别人不能复制你”，究竟是否会有成功者，就看谁最终能真正理解商业模式的本质。商业模式的表现虽然千变万化，但是优秀商业模式的设计却是有规律可循的。

聚划算之于淘宝网，如同一个上进的富二代之于他的父辈：往主观高调里看，它格局天成，必成大业；但往客观冷静里看，亦需步步为营，不懈创新。

聚划算之于“百团大战”，如同一个领跑者之于追赶者：也许从成交额上来说，很难超越；但是追赶者可另辟蹊径，拿下单项的冠军。

聚划算之于卖家，如同一个大舞台之于选秀者：这里每天都能诞生无数的明星、新星，每天也都发生着为盛名所累、最终不知所踪的情景剧。

而聚划算之于电子商务，未完待续……

（文 | 陈媛媛）

第二章

爆款店铺该何去何从

一个陨落爆款店主的自白

本文是一个淘宝三皇冠女装店铺掌柜的自白书。在自白书中，掌柜回顾了自己三年来以打造爆款为店铺运营的基本技能，忽视提升店铺核心竞争力，而导致店铺最终没能继续下去的悲剧。

无心插柳，开创局面

2009年4月，我注册了淘宝女装C店。最开始，我的店铺模仿当时淘宝上有名的皇冠店铺“1970流行馆”专卖T恤，坚持一个月后，只收获了两笔订单。如何让这一潭死水有起色呢？我日思夜想，无处下手。

“五一”之后，我将目光转向武汉本地的女装市场——汉正街中心商城。这里的货源来自武汉郊区的古田工厂，价格低廉。逛了几天市场后，我发现很大一部分商家都在做一种纯色长裙，这种纯色长裙销售火爆，在价格便宜的档口甚至出现各家争相购买的情况。这批长裙松紧腰，颜色包括白、粉、青、浅蓝、深蓝、紫色6种，长度有66厘米、85厘米和100厘米三种。为了冲信誉，我将拿货价为每条13元的纯色长裙定价为每条19.9元，拍照时搭配店铺的T恤，再配合两件包邮活动，这样T恤的销量也被带动起来。

为了吸引更多买家，我为6个颜色的长裙分别建立了各自的宝贝链接(那时，重复铺货还没有被禁止)，由于每个宝贝的上架周期是7天，每到快下架时分链接总会吸引来一批自然流量。我在每个分链接后附上总链接地址，提醒买家转到总链接来购买，这样总链接的宝贝在自然搜索时会排在前面。由于我店里的长裙是当时全淘宝长裙类目里卖得最便宜的，2009年夏天，这款长裙的月销量便突破了1000条，整个夏季共卖了5000条，店铺信誉仅靠一款单品就升到了5钻。

埋头钻研明星单品

尝到第一季的甜头后，我总结经验：铺再多的货也没用，爆款才是关键。做成一款爆款可以提升该爆款的人气排名和销售量，带动关联产品的销量，也可以增加店铺收藏量，为店铺吸引新的客户，因此爆款实在是有诸多好处。

2009年冬天，经过不断跑市场和网上测试，我选中了一款棉裤。这款棉裤的进价为每条25元，售价为每条49元，月销量达1000件，整个冬天为我创造了5万元的净利润。当时，店里总共也就几十款宝贝，其中爆款的分链接和总链接就有三个，其他的SKU都是围绕着爆款、和爆款相搭配的。这个阶段我开始测试直通车。当时，只要为每个点击花费0.2～0.3元，就可以在搜索结果中排到前几页的位置。每天花费20～30元钱，可以带来几十笔订单。

通过2009年一年的摸索，我更加坚定了走爆款之路的决心，并在此基础上把店铺SKU划分为跑量款和利润款两种。2010年4月，店铺一下子就爆了。我开始铺货，以裙为主，各种各样的长裙、短裙、连衣裙，纯色的、花朵的，纯情风、波西米亚风，辅之少量爆款的T恤。每天发100多个包裹，买家中不乏小额批发商，更有来自香港和台湾地区的买家。一个月后店铺升冠，到季末店铺升至两冠。2010年一整年，我埋头钻研淘宝网推广渠道，并沉淀下一套利用直通车并辅以淘宝客来快速系统打造爆款的方法，即每天早晚各花 2 小时，挨个调整爆款直通车的 200 个关键词和不断测试、合理出价。

成也爆款，败也爆款

进入 2011 年，直通车、淘宝客和钻展的价格都翻了几倍，要打造一个爆款并不像之前那么容易。一味的低价策略也让店铺转身溢价之路十分困难，店铺里只要单价上了 50 元的宝贝总是难有销量。2011 年秋天，我进了一批属于汉货精品系列的西服外套，平均每件 50 元的拿货价，我只加 20～30 元便往外卖，可客户买去后却并不满意，认为价格太贵。这个秋天，店铺不但没有赚钱，反而赔进去不少。

2009 年及以前，羊群效应在买家的购物活动中起主导作用，那时的大多数买家还没有形成明确的目标和想法。但是后来，这种情况渐渐发生了改变，只是我还偏执地认为，这个世界上没有卖不出去的货，只有没胆量砸广告才导致的错失商机。卖什么不重要，重要的是怎么卖，舍不得孩子套不住狼。淘宝客的佣金从最初的 5% 升到 20%，直通车也涨到每天消耗 2000 元，我依旧源源不断地往里砸钱。最后，虽然总体算下来没亏钱，可我早已身心俱疲，离自己最初的设想渐行渐远，员工也看不到希望。受制于汉派服装低价低质的基因，商品卖得越多，售后问题就越多。店里专门请了位裁缝来做质检，也仍然摆脱不了质量问题带来的售后困扰。后来，由于供应链没控制好，整个店铺的好评率直线下降到 98%，店铺动态评分也下降到 4.5、4.4，收藏量增加得更缓慢了。

2011 年冬天，我打造出了自己卖家生涯最强大的一个爆款——一款冬季毛线短裙。这款毛线短裙的进价为每条 9～12 元，售价为每条 19.9 元，共10多种花色，两条包邮。该款短裙的月销量逼近8000，爆款又带来关联销售，接连带出几个销量千件的小爆款，利滚利地为我在这个冬天赚到了净利润20万元。然而，同比2010年冬天，我赚的钱少了，工作量却翻了一番，我和3个员工每天都在超负荷地运作，在11月和12月平均每天发300个包裹。而那些多跑量赚的钱都贡献给广告了。

革了自己的命

细数一番，三年下来，除了爆款的打造经验和武汉货源的人脉，我一无所有：团队没有培养起来，会员管理一片空白，更没有淘品牌的宏伟志向。不是没有想过转型，可走低价策略的店铺想转型溢价，真的十分困难。老顾客不买账，以前积累的顾客群体完全没用了。虽然是一家三皇冠的店铺，但每个季节初期都像新店一样举步维艰。2012年2月，我把店铺关了。像我这样过分依赖付费广告、并无其他优势的卖家，总有一天会走向穷途末路。

打造爆款在所有淘宝卖家的心中都不陌生，几乎大家都曾经操作或者参与过爆款产品。为了追求销量，价格战在女装类目打得尤其激烈。一款产品如果有爆款迹象，隔天大家就都会上新，一样的模特，一样的图片，更低的价格。有一段时间，我也去大批量定制过店铺的吊牌、包装，但为了价格，没多久就被打回了原形。毕竟，少做一个吊牌、一个包装袋或少用一个飞机盒，我就能节省两元钱，我就比同行更有价格优势。

爆款是那个时候实力和能力的代表，但倘若陷入过分追求爆款的泥淖，忽略了商业的本质，就会像梅超风修炼《九阴真经》一样，走火入魔，带来不可预估的损失。这一点对草根卖家来说尤其适用。数据的刺激会使人盲目，使人只看到销量、利润，变得急功近利、利欲熏心。人们不再满足一个月销售千件，于是将全部身家都押在了爆款上。店铺几十种甚至上百种商品都卖不出去，只有一两件爆款在大卖特卖。殊不知，只追求短期效应，高潮过后就是虚脱死亡。

回顾整个 2012 年，淘宝网频繁地调整搜索规则：静默关键词的搜索结果已经不是销量为王了，而是综合考虑店铺各个维度的结果，据了解，共有 30 多项店铺指标被纳入考虑；同时，淘宝网开始扶持小而美店铺，推崇规模小但质量高，且有自身独特性的店铺，这和爆款经济已经八竿子打不着了。

（文｜吴蚊米）

爆款是怎样炼成的

爆款的非典型定义

不知何时起，爆款在淘宝卖家心中已经不仅仅具有字面意思，它正成为区分菜鸟级卖家和骨灰级卖家的一条分水岭。在一个新销售季来临，新手卖家还在纠结如何花钱为店铺带流量的时候，骨灰级卖家们就已经在精心挑选这一季所要重推的产品，做好充足的准备，倾尽全力去打造属于自己店铺的爆款。

所谓爆款，自然是指成交量非常大的单品。其通常表现为：该产品在同类目下销量排名靠前，在相关关键词的热卖宝贝搜索里排在前几页，占整个店铺总体交易量的50%以上，并能拉动店铺整体交易额持续增长。简而言之，爆款是一种现象，它不仅代表了某件单品的热销，还代表了其背后店铺的崛起，乃至在销售季和相关品类当中的销售格局。

大卖家是普通卖家仰视的对象，但在他们初入淘宝网之时，也和现在的许多新手一样，并没有什么特别的地方。然而，他们中的大多数都经历了非常神奇的销量猛增时期，这一时期的经历使他们的店铺彻底转了运，也改变了他们的人生道路。“从某年某月开始，某店铺的生意忽然好了起来……”相信这句话适用于大多数大卖家的淘宝网经历。从此，这些卖家飞跃发展到了另外一个层次，之后便一路发展成为现在的大卖家。

一招爆款之所以能在江湖上掀起腥风血雨，主要原因在以下几个方面。

首先是流量。除了广告以外，买家能够找到卖家的路径无非是淘宝搜索、“猜你喜欢”等系统根据用户浏览行为自动推荐的几种方式。淘宝搜索是大头，其中热卖排行占据了30%的流量。一旦进入热卖排行的前几页，流量之大可想而知。而且，这些流量都是淘宝网中最具相关购买需求的精准流量，价值之高无法估量。无论是系统推荐还是热卖搜索，甚至是修改了规则之后的自然排序，流量分布都和商品好坏有关。越好的商品越能在流量分布中占据曝光优势。

那么，系统如何来判断一个商品的好坏呢？自然是通过数据来分析和判断的，销量、流量、转化率、信誉、好评率等指标都是重要的参考标准。买的人多的商品自然是好商品，这是一个基本的判断逻辑。

其次，消费者的从众心理。相对于自卖自夸的广告商品，消费者更愿意相信群体的判断。一款有很多人买且评价不错的商品，会对买家产生巨大的吸引力。他们甚至在还没有看到实物的前提下，也下意识地认为这是一件不错的商品。

再次，产品本身也确实是一个好的商品。性价比高、能够满足大家期待的商品，不至于让购买者失望。

满足这几个要素，商品就会在互联网这个超级放大镜的作用下，瞬间产生无与伦比的销售反应，进入一种“销售—关注—更多销售”的良性循环，销售量呈几何级的速度增长，从而完成爆款的蜕变。

破解爆款的密码

想发现爆款背后的秘密，买家的购买过程是一个很好的切入点。

消费行为学通常会把消费者个体的购买过程划分成5个阶段：搜索、

评估、决策、购买、评价。就某个消费个体而言，其购买过程其实是一个不断循环的过程，每次消费后作出的评价将会直接影响到下一次消费决策。

TIPS

五个购买阶段

网购时，买家同样也会经历上述5个阶段完成单笔交易。对任何一个阶段的推动，都将促使买家完成购买行为。传统渠道中容易被忽视的影响因子，也许会对买家的网购行为产生决定性的影响。爆款，正是在网络特定的购物环境下，通过淘宝网和淘宝卖家的共同推动，才发挥出了至关重要的作用。

1. 搜索：消费者寻找感兴趣的商品。

2. 评估：消费者收集产品信息，评估该产品是否能够满足自己的需要。

3. 决策：消费者衡量该产品所带来的益处和需要为之花费的成本，判断是否购买。

4. 购买：消费者完成商品的交易行为。

5. 评价：消费者使用产品后根据使用体验进行再次评估，评估结果将影响下一次的消费行为。

细心的店主会发现一个奇怪的现象——在不做任何推广的情况下，一个宝贝一旦有了成交之后，就忽然变得“好卖”了，而且成交量越大的宝贝就越容易再次成交。事实上，这种“越卖越好卖”的宝贝，就是爆款的雏形。

之所以会出现产品“越卖越好卖”的现象，是由于买家在做购买决策的过程中受到人人兼而有之的从众心理的影响。

对从众心理最通俗的解释是“随大流”，跟多数人保持行为上的一致。这种现象也被生动地描述成“羊群效应”——在一个漫无目的四处游荡的羊群中，头羊往哪里走，后面的羊就跟着往哪里走。造成从众心理的原因，简单说来就是相关信息的缺失。

在网购环境下，能够支撑买家作出消费决策的信息非常有限。在淘宝网，卖家通过宝贝描述中的文字、图片和视频向买家展示宝贝信息。而在整个购买决策的过程中，买家根本无法接触到商品实物，传统渠道下形成的评价方式(如试穿、品尝等)很难在网购中发挥作用。在这种情况下，买家无法收集到足够的信息来帮助自己进行评估和判断。再加上极少数无良商家“挂羊头卖狗肉”，通过盗图等方式欺骗买家，使买家在网购时更加缺乏安全感。因此，相比之下，买家更愿意听取第三方的意见，而不是盲目地相信卖家所提供的信息。所以说，宝贝已有的成交量和好评会对买家购买过程中的“评估”和“决策”两个阶段产生正面影响，进而促成购买行为。

虽然在没有任何外力作用的情况下，具有爆款潜质的优质宝贝也会在市场的自然选择下浮现出来，但是市场孕育这样一个爆款的雏形需要很长时间，所以打造爆款更加需要依靠淘宝网和卖家推广的力量。相对而言，这种“越卖越好卖”的优质宝贝也同样能得到淘宝网的青睐，获得更多的流量。

例如，在新搜索排序的规则下，爆款和准爆款就占有明显的优势。淘宝搜索排序中的所有宝贝排序和人气宝贝排序占总搜索量的90%以上，两种搜索的使用率为7:3。在人气宝贝排序中，宝贝成交量对排序结果影响较大。而在所有宝贝排序中，虽然交易模型是以PV(页面浏览量)和转化率作为直接判断标准的，但是在不做任何推广的情况下，PV 相对稳定，成交量越高就意味着转化率越高，因此成交量依然会对排序结果造成很大影响。除此之外，还有“按销量从高到低”排序，在这种情况下，成交量直接决定了爆款将出现在买家最先看到的黄金位置。另外，淘宝网运营部门会不定期举办促销活动，转化率依旧是小二们筛选宝贝的首要标准。爆款的成交量意味着它是一款受欢迎的产品，这足以说服小二们把参加促销活动的资格分配给它。

在爆款的形成过程中，淘宝网扮演的是“催化剂”的角色。淘宝网通过对流量进行引导，将有潜质、受欢迎的宝贝展示出来，让买家在购买过程的起点就能够注意到爆款，从而降低搜索过程的难度，促成成交。

如何准备爆款

如果说网购环境下的从众心理和淘宝网规则的制定都只是爆款形成的客观条件，那么爆款的挑选和推广才是决定爆款成败的关键因素。

挑选合适的宝贝是打造爆款的开端。如果宝贝本身没有成为爆款的潜质，那么为这件宝贝进行推广就会造成资源的浪费，甚至会为店铺带来负面影响。

首先，调查了解市场前沿数据是打造爆款的必修功课。

不少中小卖家会选择跟随策略——他们会费尽心思找到爆款的货源或者仿造爆款的款式，将大卖家费心经营起来的爆款移植到自己的店铺中，但是这种行为成功的几率非常低。其原因在于，他们并没有理解“成交量”这个词在市场预测中的含义。“成交量”这个词本身带有很强的滞后性——成交量高意味着这款宝贝正处在产品生命周期中的“成熟期”，虽然当下销售火爆，但也预示着这个宝贝即将进入“衰退期”，甚至已经走上了下坡路，不久的将来就会淡出市场。此外，正在热销的爆款已经积累了销量和人气，这些都是新上架的宝贝根本无法比拟的。处于劣势的新宝贝，即使采用低价促销或者重金推广，也未必能与销售正红的爆款抗衡。

淘宝网每周都会推出搜索词汇排行榜，我们姑且可以认为搜索量大的词反映了客户当下购买意向的大势，热门搜索词汇直接反映出买家正在关注、正打算购买的宝贝。用户使用宝贝搜索功能时带有很强的目的性，此时的买家往往已经形成了最初的购买意向或者具有明确的产品偏好，在这个基础上，实现成交转化的可能性非常大。大量买家正在搜索的产品，无疑就会是在未来将要热卖的产品。因而在选择爆款时，搜索词汇上升榜会比热门榜更具前瞻性、参考价值。如果一个优质宝贝包含搜索词汇上升榜中提及的款式和元素，那么它就很有可能成为爆款。

根据过去或当下的数据分析所得出的爆款产品，走完分析、进货、上架出售的流程，便已经过了最主要的销售时期，失去了在旺季争夺的先天优势，这不利于爆款的产生。只有分析到可能的爆款，事先准备，才会在竞争对手没有反应过来之前抢占销售先机，快一步积累到销售量，更早进入热卖单品，从而进入产生爆款的良性循环当中。

未来的真实数据是不可能有的，不过好在整个淘宝网市场都是滞后于时尚潮流的，我们可以从更前沿的市场现状推测出未来可能在淘宝网流行的商品。如时尚刊物介绍的商品、国际知名品牌发布的最新款产品、热映电影和热播电视节目中明星的装扮都有可能在未来一段时间内迅速流行，许多国内品牌和众多生产商都是参考这些产品来做商品研发的，所以上面这些商品也很可能成为淘宝网上即将流行的爆款，只要抓住机遇就能制造出受欢迎的爆款。

另外，国外购物网站的热卖商品、专业的行业论坛信息、时装发布会等都是相当不错的参考。通过分析这些信息来整体把握流行趋势，保持对时尚的敏感，对于挖掘爆款非常有帮助。

其次，做好内功更是打造爆款不可或缺的。

数据只是一个参考，过分依赖数据并不能真正找到爆款。判断一个宝贝是否具有成为爆款的潜质，只需要从两个方面来考虑：首先，宝贝本身是一件性价比高的优质宝贝；其次，宝贝符合多数买家的审美取向，符合未来的时尚趋势。因此，内功成为卖家另一个需要下苦工的方向，唯有内功强大的宝贝才有可能成为爆款。

一般说来，热销宝贝的价格处在所在类目的中下区间，较低而非最低的价格能够吸引买家、提升转化，又不至于让买家产生“便宜没好货”的惯性思维。关键是让买家觉得宝贝物有所值，对此，卖家需要把控好质量关。

“实践是检验真理的唯一标准。”在时间和成本都允许的前提下，卖家可以对爆款做个小小的试验，检验这个宝贝是否具有热销的基因，到底能不能受到买家的欢迎。卖家把预先选定的宝贝都上架，尽量确保导入到每个试验品上的流量一致，这其中转化率越高的宝贝，意味着越受买家欢迎。如此一来，哪个宝贝能成为爆款，就一目了然了。

通过数据分析找到有潜力的宝贝只是第一步，在这个宝贝正式推广之前，必须先进行必要的优化。如果不能很好地展现宝贝，即使它能被多数买家发现，也很可能夭折在成为爆款的道路上。

既然是一个单品，并且要带来大多数的流量，那么这款产品必须要有一个好的宝贝描述。可以选择采用单纯的产品罗列的方式，也可以有策略地规划这个页面。但是对于消费者来说，这二者之间存在着很大的差别。因为他们看不到商品，所以就希望能看到更多的产品细节。因此，卖家需要挖掘尽可能多的卖点，因为每多一个卖点，就多一个买家为此埋单的理由。

主动推广，让爆款火爆起来

在打造爆款的过程中适时引入流量、推广爆款，也是一件很讲究的事。一般说来，卖家都是先将小部分流量导入不同宝贝，寻找到可能的爆款；再通过各种推广手段导入大批流量，看宝贝是否被市场所接受；最后在销量上升之后导入更多流量。销售越是火爆，就越要导入更多的流量，切不可一满足就减少流量。因而，我们可以将一个爆款的生命周期归纳为导入期、成长期、成熟期和衰退期 4 个阶段。

导入期是宝贝刚上架的时期。买家需要一段时间来接受一个全新的宝贝，所以成交量往往不会很高。此时，卖家不需要在推广上花费太多的费用，做好直通车保证最基本的流量就足够了，关键是确保投放足够精准。店铺内也可以通过导航、掌柜推荐、套餐搭配等方式把流量引导到新的宝贝页面。把新产品推荐给老客户，带来第一批成交，是很明智的选择。

判断导入期推广是否奏效的标准是转化率，它对搜索页面宝贝自然排序的贡献非常大，初期的转化率直接影响宝贝在接下来的几个阶段能否真正成长为爆款。在这个阶段转化率高，意味着之后的推广中一旦引入了流量，就能立刻实现销售转化，让推广更加有效。所以卖家在导入期需要有足够的耐心和细心，全面关注宝贝定价、宝贝描述、客服和售后等环节，尽可能将准爆款的转化率做到最高。

成长期是宝贝的成交量和流量上升最快的阶段，此时的推广效果也最为显著。在这个时期，店铺的推广力度可以逐步提高。可以选择短时间内能够提供较大流量的推广方式，比如加大直通车的投放力度，又或者适当选择钻展、超级卖霸。同时也可以稍稍配合降价、秒杀、聚划算等促销活动来吸引买家。成长期的推广，效率是关键，爆款到底能不能爆，就取决于成长期的运作。

在宝贝销量达到一定程度以后，会被淘宝网系统判断为热销宝贝，同时也很可能被运营小二注意到。这时，该宝贝便会在淘宝网的外部环境中获得较好的市场氛围，这是爆款的成熟期。在这时候进行推广会事半功倍，因此卖家需要在这个阶段为爆款推送更多流量，同时引入促销手段来尽可能多地引导客户购买。互联网的积聚效应一旦形成，促使爆款产生的主要条件便成熟了。如果能力允许的话，还可以考虑投放品牌广告或者参加淘宝网系统组织的各种促销活动。在成熟期需要把爆款页面上的流量导向店铺中处于导入期和成长期的其他宝贝，尽可能带动关联销售，充分利用爆款带来的流量。

淘宝网的发展速度是线下发展速度的 5 倍，因此爆款的生命周期也会比线下产品的生命周期短很多。在成熟期之后，宝贝的衰退期悄然而至。这时候卖家会发现爆款不像之前那么好卖了，在直通车稳定投放的情况下，流量也有可能会出现下滑。这不是店铺自身推广不力造成的，只是因为当前的爆款过时了。继续在这个爆款上做推广，只会事倍功半。留住老客户、想办法做关联销售是这个爆款对店铺最后的贡献。当一个爆款的生命周期快要结束时，就有必要开始挖掘新的爆款了。

爆款的推广需要把控节奏，做好导入期的精准、成长期的快速、成熟期的大流量、衰退期的关联销售，这就是成功的关键。

爆款的连带效应

一个成功的爆款，给整个店铺带来的拉动效应会体现在以下两个方面。

首先，爆款将为店铺带来大批买家，爆款带动的关联销售和二次购买为店铺直接贡献利润。此外，口碑也同样是爆款带给店铺的宝贵资源，保证爆款销售时的服务质量，能帮助店铺在短期内提升好评率。

其次，一个成功的爆款往往能提升店铺整体的转化率和评分。虽然单一的爆款对店铺整体评分的影响并不显著，但是如果店铺中同时拥有两到三个爆款，那么店铺评分便会在这些宝贝的共同作用下提升，并最终对每一个宝贝的搜索排序都产生正面影响。

爆款是店铺中的销售主力，一个爆款的成功，往往会直接带来一家店铺的成功。成交量看似天文数字的爆款并非可望而不可即。

（文 | 姚斌　谢宇）

超爆款仰赖的组合套装

从月销几百件的普通款到月销上万的超爆款，这一过程绝非偶然。观察真实的案例，一款普通的相册曾使某店铺在一淘直通车发展部举行的“我是赢家”直通车点击转化竞技赛中一举夺得桂冠。剖析这一案例，我们可以发现，除了借助其他营销手段外，根据不同成长阶段调整不同的营销组合和打法才是关键。

活动款：直通车 + 淘金币 + 搭配套餐

爆款的形成得益于买家的从众心理和马太效应。因此，卖家们利用直通车和淘金币活动，把活动带来的销售记录展示给消费者，如此便可以提升点击转化率，打造爆款。

在活动的准备阶段，卖家首先要确保直通车关键词质量得分都达到 10 分，达到要求之后，卖家便开始在店铺内使用搭配套餐。使用搭配套餐，一方面是因为搭配套餐中的产品价格虽然是折扣价，但其销售记录依然显示原价；另一方面，卖家可以通过店铺内销量较好的产品来拉动该款的销量，轻松完成 50 件的销量任务。而在做搭配套餐时，应该多选择几款供消费者选择。

搭配套餐放在店铺里，买家看不到同样也无助于销量，而此时的直通车便成为了吸引眼球、拉动销量的重点。为了带动店铺的搭配套餐销量，这一阶段的直通车关键词应重点突出套餐的优势，如案例中的 DIY 相册套餐、相册套餐包邮等。而直通车图片同样要以超值套餐为卖点，让利吸引客人，如案例中该店铺的做法是在图片上加上“抢！超值套餐”以此“吸睛”。

通过搭配套餐及直通车的投放，销量开始稳步上升，完成 50 件的销售量之后，便可以参加淘金币活动了。结合淘金币、直通车和搭配套餐，店铺持续推动该商品的销量转化。3 天的淘金币活动后，案例中的这款相册由月销 280 件的普通款产品成为了月销 917 件的活动款产品。

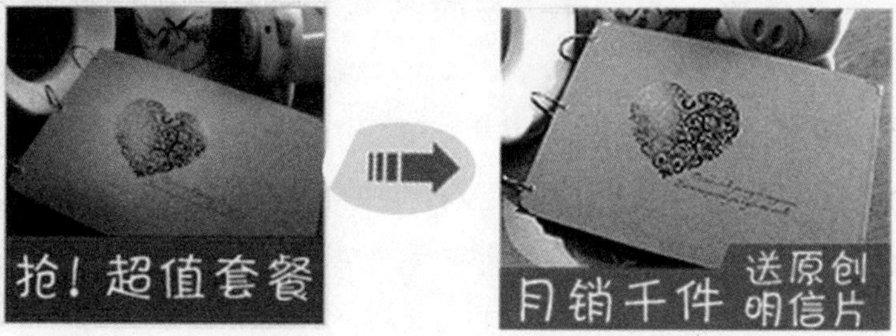

图 2-1　案例店铺 DIY 相册直通车图片

常规爆款：直通车 + 搭配套餐 + 突出销量优势

活动结束后，案例中相册的价格便恢复到活动前的原价。虽然失去了价格优势，但却借助之前的活动奠定了一定的销量基础。

活动后价格提升，但该店铺依然使用搭配套餐来吸引买家，产品的卖点依然是优惠的价格。在搭配套餐中，除了给出较大的优惠折扣之外，店铺还使用赠品来吸引买家的眼球。当然，这个赠品不能过于简单和平常，人无我有的赠品才能得到更多消费者的青睐。于是，该店铺便利用自身拥有优秀设计师团队的优势，专门请设计师设计了店铺专属的原创明信片。当竞争对手感受到压力，用降价抢夺市场时，卖家用差异化营销来提供对手没有的创意小礼品、小赠品将更容易获得消费者的青睐。

直通车方面，该店铺卖家在关键词中增加了一些类目热词——相册、DIY 相册，在宝贝描述里增加火爆销售记录，而直通车图片则突出阶段性的销量优势——“月销千件”，以及赠品信息“送原创明信片”。

因此，在淘金币活动结束后，通过加大直通车投放力度、赠品转化等营销方式，该店铺已经打造了一款月销量达 6000 件的常规爆款。

超爆款：直通车 + 自然流量 + 树立行业标准

此时，免费的自然搜索流量也开始增加，这无疑进一步推动了销售。

这个阶段，可利用直通车继续发挥销量和爆款的优势。首先，店铺在直通车图片上标注“月销万件”；而在直通车关键词的设置上，则大量增加关键词，对热门词大胆提高出价。

另一方面，卖家可顺势而为，建立行业价格标准，以此避免和对手打价格战。“17.6 元的标准，你懂的！”“17.6 元以下的 DIY 相册，亲们就不要考虑啦！”这些标语在无形中确立了该款产品在同类产品中的地位，通过树立同类产品质量和价格的标准，从而让消费者信服和购买。

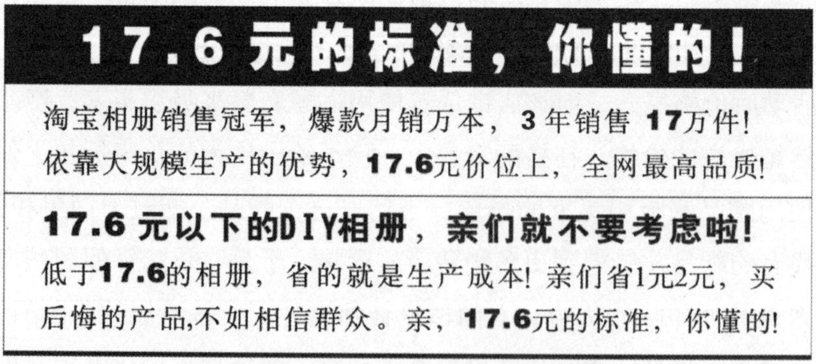

图 2-2　卖家为 DIY 相册搭配的文字

突出的销量、树立的行业价格标准可以很好地征服消费者。在这个阶段中，该款相册的销量冲破万件的销售大关，成为月销量上万的超级爆款。

无论是打造爆款，还是提升整个店铺的运营水准，关键在于产品表现形式的精准和营销资源的整合。产品精准的表现形式是店铺推广中的重点，其本质是对消费者的把握。整合的过程虽然看起来比较复杂，但其背后的运作方式其实非常简单，无非是造势和借势两种：整合所有可以用得上的力量，做差异化和精细化营销，为商品造势；在不同的阶段充分借助不同的营销资源，借势而为，把组合的力量放大到极致。有了清晰简单的思维，做好精细化和差异化，销量自然就飞了起来。

TIPS

何时使用直通车?

1. 如果店铺转化率低于行业店铺平均转化率，那么先练好店铺内功，再开直通车。

2. 如果直通车点击转化率低于行业平均点转率，那么先把和直通车投放有关的维度全部做精准，再加大直通车投入。

（文｜童家聪）

一款文胸的过关斩将

在2012年10月的《卖家》期刊中，曾刊登过一篇名叫《内衣大咖迷失天猫》的文章。文中叙述了一家传统内衣企业在线上开设的店铺，尽管背靠强大的工厂资源和资金支持，却最终因缺乏电商经验而不得不逐渐衰退的过程。彼时，该工厂尝试过外包推广，也尝试过自建团队，甚至到了病急乱投医的境地，却依旧落了个净亏损100多万元的下场。然而，时隔半年多，这家交由第三方管理的店铺却经历了奇迹般的起死回生，这背后究竟发生了什么呢？

因为店铺的基础并不好，所以选一款评价不错、顾客回头率也不错的产品至关重要。只有先做活一个品种，才能救活这家店铺。店铺率先选取了一款顾客评价不错但转化率很低的文胸，可是店铺又该如何挽救它的转化率，使它成为彻头彻尾的爆款呢？

第一阶段：前期试探，优化内功

既然暂时无法提高转化率，店铺便希望能先提高月销量，给宝贝建立更好的气场，以此对转化率的提高起到侧面推进作用。

由于宝贝的竞争力太弱，而直通车的竞争太激烈，宝贝上直通车就只有给人家做陪衬的份，月销售量不太可能在短期内有显著提高。而钻展属于“弱竞争渠道”，面对的是冲动消费，钻展顾客也不像直通车顾客那样同

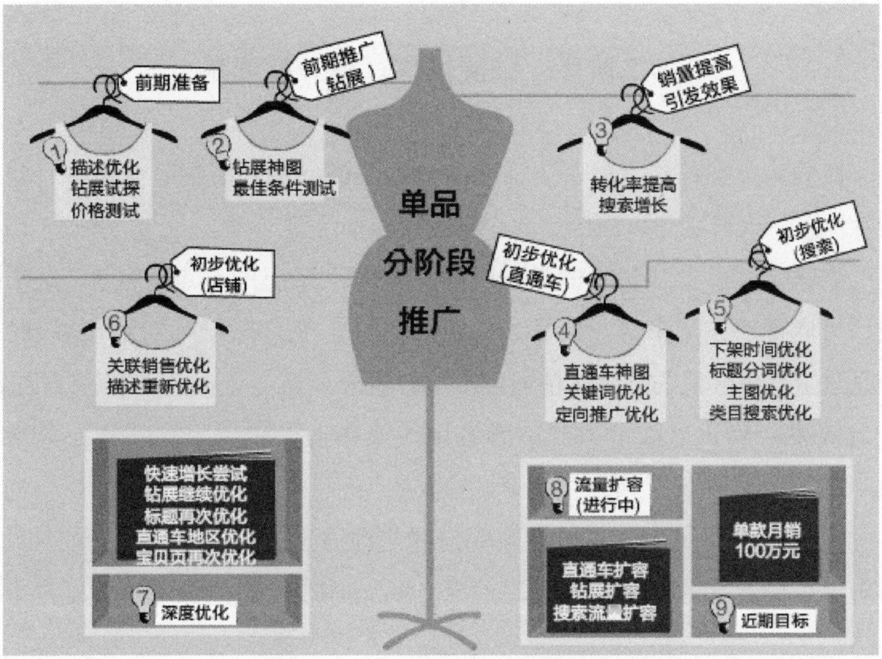

图 2-3　文胸单品分阶段推广

时打开多个同类链接比较。所以，店铺先尝试了钻展。

为了真实反映市场需求，店铺采用了直白的文字方式进行测试，准确地锁定了一批有需求的客户。同时店铺适时跟踪测试效果，发现点击进入者虽然不多，但都实现了卓有成效的转化。这就意味着，钻展有机会成为这款产品最重要的推广渠道，帮助产品快速提高销量。

另外，在打造爆款的前期，店铺还需要对这款产品进行一轮简单的价格测试，运用不同价格来测试转化率。经过测试，店铺最终选择了在当前水平下转化率略好的价格：单件 39.9 元。这比原来的价格低很多，但又稍高于主要对手的同款产品。

第二阶段：钻展推广，提升搜索量

在确认参加钻展之后，店铺继而开始测试参加钻展的最佳条件，包括图片位置、人群定向、店铺定向、时间点和地区定向等。

测试验证了参加钻展的最佳时间点是每天早上的8点～9点。这个时候，大店推广还未来得及展开，可顾客早已坐在了电脑前，因此这段时间正是流量竞争最低的时候，钻展点击单价也最划算。之后，根据跟踪投放7天的效果，确认这款宝贝的钻展效果应该在当天转化率的基础上再乘以140%，明确这个比例可以避免误读钻展效果。

最佳条件找好后，店铺就开始持续稳定地投放钻展，投入呈阶梯形增加。随着宝贝页上的月销量数字逐步递增，商品的转化率也得到了明显提高。

第三阶段：直通车推广，找出关键词

月销量提高后，转化率也随之提升，宝贝遂具备了一些竞争力，可以开始进行直通车推广。宝贝要上直通车，就必须先解决图片问题。由于文胸类的图片已经高度视觉化，所以必须从创意入手，避开单纯的照片视觉竞争。店铺通过对比测试，最终选出了这张图(图2-4)。

图2-4　单品文胸直通车配图

这张图片与所有竞争对手的图片在形式和颜色上有明显差异，相当容易引起点击，这时候还需再强化标题以避免误点。采用这个图片后，宝贝的点击率大为提高，质量分全面提升。

接下来便是寻找直通车的起步关键词。店铺先大量挖掘潜在关键词，然后查询主要的几个同款对手分别投放了这些关键词中的哪些以及排名位置，最后选择共同投放的关键词作为起步关键词。这批词点击率和转化率都很不错，之后再往计划里添加关键词，商品的质量分起点就比较高。

店铺将关键词出价的 ROI 设置为三。由于转化率已经提高，而且最初对直通车的流量规模没有要求，这个 ROI 实现起来并不困难。人群特异性强的宝贝定向推广比较容易做。因此，店铺对这款宝贝建立了多个计划，测试对该款宝贝在不同位置进行定向推广的效果，最后决定只保留通投位置。店铺初步测试性价比，确定了出价范围后，在低竞争时段自动下调出价，降低平均的点击成本。

既然宝贝转化率的提升趋势明显，将这个宝贝做成流量款应该不是问题。于是，店铺将这个宝贝的下架时间从竞争偏弱的时间，调整到了流量较大、竞争也较大的周三晚上 22 点 30 分。接着，便持续跟踪标题分词效率一周，替换了几个低效分词，使搜索流量又有了一定上升。

第四阶段：深度优化

从 2013 年 5 月 3 日开始，经过对宝贝权重的评估，店铺重新调整了标题。新标题对权重的利用比原来更充分，淘宝搜索和天猫搜索流量在第二天就有了显著提高。在推广成熟期，类目、属性、下架时间等都已固定，因此搜索优化要依靠优化标题来实现，标题成为这一阶段始终要关注的主线。另外，在宝贝的不同权重阶段，能够获得优势排名的主力关键词是不一样的。因此，随着销量的增加，店铺可以不定期重新评估权重，更换主力推广关键词。

宝贝推广的前期，店铺已经对各地区的转化能力积累了足够数据，所以尝试把原来的计划改为只投放UV产能（每UV产生的销售额）超过全国平均的城市。

其实，这个计划可以做得更加精细。高转化地区可以提高出价，获得更多流量，而低转化地区如果降低出价，也会有不错的流量补充，ROI也不差。

第五阶段：流量扩容，控制ROI

流量扩容刚刚开始，店铺就制定了近期目标，即在流量结构健康的前提下，单款月销量过百万。为了让产品销量再上一个台阶，店铺决定继续提高付费流量的投入，以带动免费流量和直接流量，但是要根据免费流量和直接流量的规模来控制付费流量的比重。另外，无视付费广告的直接ROI的降低，但要控制整体ROI的波动幅度，使其平均值始终在卖家可以承受的健康范围之内。

直通车扩容主要通过降低直通车的目标ROI实现，于是目标ROI从3主动降低到了1.5。直通车的后续扩容方式有：增词、调整匹配模式、拓展直通车站外推广和店铺推广页、增加投放低效地区等。

钻展的最初扩容主要通过提高钻展计划的预算实现。钻展计划的预算逐渐提高后，虽然产品的图片和定位没有改变，但钻展当天ROI从2逐渐降到了1.5，之后发现在相同投放规模下也出现了点击率下降的情况，其原因不外乎以下三种：第一，原来的广告图片使用较久后出现了疲劳现象，此时便需要替换新图片；第二，产品是窄众的，广告已经覆盖了较大比例；第三，淡季影响或对手影响。针对点击率下降的情况，钻展的后续扩容准备可以从以下两个方面着手：第一，逐渐增加原来没有使用的广告位；第二，拓展钻展的站外推广，也就是执行全网计划。

作为定位为“大胸显小”的窄众宝贝，其搜索流量自然很快便会遇到天花板。因此要扩大搜索流量，一方面需要销量权重持续提升，另一方面也需要不断调整这款宝贝的卖点：弱化它的“大胸显小”功能，强化它的“无钢圈、舒适和健康”特点。如此一来，该款内衣的受众面会扩大很多，也会有更多关键词成为合适的搜索对象。

宝贝权重够了，就需要扩大战场，争夺更多的搜索流量，这是这款宝贝面临的最重大的挑战。虽然这个宝贝的销售规模还小，2013 年 4 月的单款销售额只有 50 万元左右，但通过这个单品的突破，团队已经从最初的彷徨中走了出来，逐渐建立起信心，工作一点点走上正轨。

通过此番过关斩将，这款文胸已经初步做成了一个小爆款，在文胸热销单品中排在 20～30 名，在无钢圈文胸、大码文胸等主要关键词搜索中长期处于第一二名的位置。

TIPS

如何提高 ROI

1. 如果店铺基础不好，可以让一个窄众单品先突破，窄众单品容易一马当先取得良好销量。

2. 可以通过提高销量来营造宝贝的“气场”。

3. 一般推广人员最花时间的直通车调价、标题优化等操作，可以大部分交给软件来完成，推广人员应把大部分精力用于更核心的突破点策划和节奏把握上。

（文 | 何田）

不促销照样打造爆款

对于在淘宝江湖做运营的店掌柜而言，有一个词是不得不提的，那就是“爆款”。网络上关于爆款技巧大成、爆款打造大法的文章实在多如牛毛，且各有各道、各有各法，但这些爆款多半是围绕“3 折、5 折、秒杀”等赤裸裸的打折手法实现的。在不打折、无促销的前提下打造爆款莫非是不可能完成的任务？

选品：一眼看清潜力股

爆款选品一般有两种方式。传统的爆款选品一般都会由买手或设计师根据自己的经验来判断完成，这样的操作在某种程度上，会使店铺运营面临巨大的风险。而另一种方式则是通过预售来判断宝贝的潜力，这种方法风险较小，适合绝大部分店铺操作。

通过对店铺运营数据的持续观察，发现了店铺里有一款宝贝在前期没有经过任何推广、上架后也只做了基本的关联销售的情况下，竟能保持每天 10 件左右的销量，页面 UV 也有 100，转化率达到惊人的 10%。而且，买家在该宝贝页面的平均停留时间明显偏长，页面跳出率也明显偏低，用户的评价极好。从这些数据来看，初步可以判断该款单品符合大众需要，具备成为爆款的强力因子。那么接下来该做的就是适时优化宝贝，为其引流，来验证这款宝贝能否热卖。

TIPS

潜力单品选择原则

1. 从市场角度出发，选择应季的大众化产品。

2. 保证在价格上有一定的优势。

3. 将转化率达到或超过 2%的单品作为首选目标。

4. 库存配备上遵循 80/20 或 60/40 法则，做好引爆后补货的应急预案。

优化：让转化率放晴

通过数据分析初步锁定潜力宝贝之后，就该进行宝贝的优化了。就上文所述的这款宝贝来说，店铺首先进行了标题的优化，即根据数据魔方提供的数据，增加了新款春装、格子衬衫、格子衬衣、衬衫男长袖等热门衬衫类目搜索词。

对单品页面的优化首先体现在文案上。产品文案重点阐述了这款衬衫永不打折的原因以及高性价比的原因，突出产品自身卖点以及该产品与市面上普通产品的差异(包括产品所拥有的四大专利技术，以及此单品与普通商品水洗 30 次后的效果对比图片)。

而在图片的拍摄上，店铺则根据产品卖点重点进行细节图的拍摄及改进。另外，为打消顾客的购买疑虑，店铺还新增加了几张客户体验报告、客户评价数据、第三方权威认证及产品质量报告的照片。这些都是为宝贝引爆后自然流量及转化率的快速提升而服务的。

同时，店铺还适当加大了产品备货量，及时做出补货的应急预案。

推广：爆款助推器

“丑媳妇也要见公婆”，在对潜力宝贝进行了一番细致包装后，就该为其引入大流量了。为了让潜力宝贝获得最大量的有效曝光，直通车是必不可少的手段。

直通车推广一周后，店铺为这款宝贝申报了淘宝网首页热卖单品活动。经过前期的培育，该单品的转化率已经很高，因此这款宝贝很快便通过了淘宝网的审核，登上了淘宝网首页热卖单品的排行榜。

同时，在店铺所有的醒目位置也都加上了有力的推介广告。

伴随这款宝贝的热销，淘宝客带来的销量也逐日提升，自然搜索流量在短时间内成倍增长。一款拥有高流量及高转化率的爆款就这样诞生了。

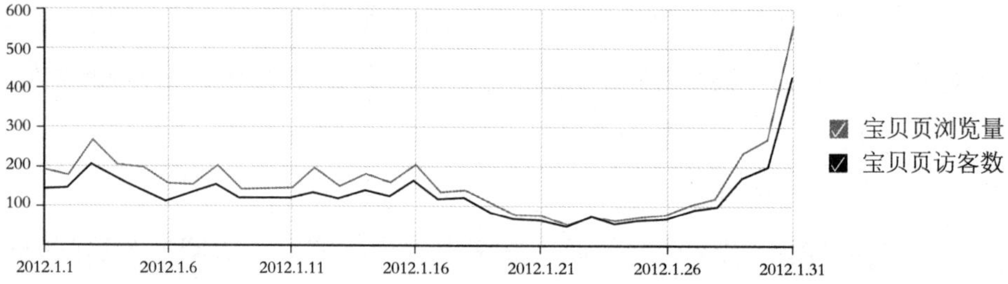

图 2-5　案例商品推广前(2012.1.1～2012.1.31)宝贝页浏览量及访客数走势图

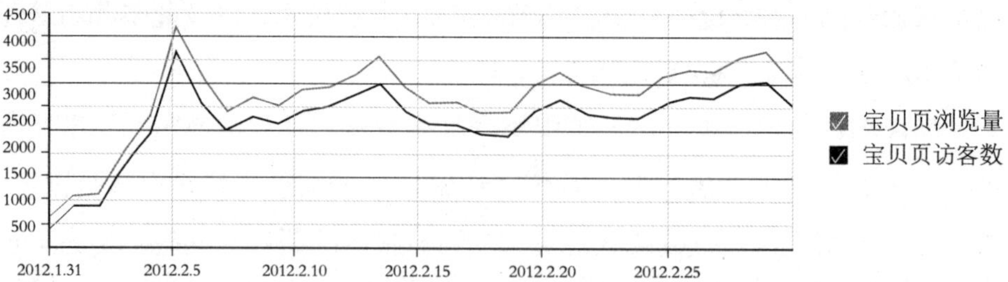

图 2-6　案例商品推广后(2012.2.1～2012.2.29)宝贝页浏览量及访客数走势图

（文 | 徐得红）

别轻视爆款后遗症

做爆款能享受日销千件的畅快淋漓，但在爆款的繁荣景象背后，也会有诸多受制于货的困惑。夏娜，一个专营女装的店铺，平时通过聚划算、直通车等工具引流，又使宝贝与宝贝之间环环相扣地搭配起来，最终催生了不少爆款。但初做淘宝的夏娜并无太多经验，一时间在物流及供应链等环节迷失了方向，导致店铺的动态评分一直低于行业平均水平。

当爆款的销量以翻番的速度倍增时，后面的供应链、物流、客服要紧跟脚步不掉队。如今，夏娜正积极通过多种手段，治疗店铺的“爆款后遗症”。

快递爆仓找分流

面对巨大的销售量，首先让夏娜头痛的便是快递业务。2011 年“双十一”，夏娜上了分会场。店铺日进斗金，客户却在苦等快递，快递公司的爆仓使得夏娜的商品被滞留了整整 5 天。第一次参加“双十一”，夏娜就因为发货不及时而引来了买家们的一片质疑之声。

为了给消费者带来最好的网购体验，夏娜的快递包裹统一用纸盒包装。可就是这些纸盒，使得夏娜成为了快递公司的“弃妇”。

在订单四溢的“双十一”，快递公司追求的便是在最短的时间内处理更多的订单。用快递公司最大的卡车装纸盒，一箱也只能装 1700 个，而装袋子却能装5000个。“双十一”期间，夏娜一下子便发出了18000多个纸盒，这让快递公司做出了一个简单的决定，那就是将夏娜家的快件“暂时搁置”。“因为我们家的快件全部用纸盒包装，‘双十一’的时候快递普遍爆仓，快递公司选择了暂缓处理我们的件，而我们又拿不回来，这造成了很大的被动。”

吃一堑长一智，在物流环节掉过链子之后，夏娜遂同六家快递公司一起合作。一家快递走不动，至少可以考虑其他渠道。“这样快递爆仓的后果就不会那么严重了，‘双十二’的时候我们就是这样用好几家快递公司发的货。”

面料缺货先预定

很多爆款都是一夜而红，第一天卖100件，第二天就700件了。因为爆款的横空出世往往不可预测，所以不能一次性备上好几千件货品，否则很容易就会“赚”上一仓库的库存。备货不充足，订单却多如鹅毛大雪，商家只得把压力丢给面料供应商。

同样在“双十一”期间，夏娜在面料的供应链上也捅了篓子。面料供应商对突如其来的热卖单品备料不足，导致制衣工厂“巧媳妇难为无米之炊”。

随后，在面料供应链上，夏娜也学了乖。每当新品推出之前，夏娜都要提前预定一批面料。“2012年，很多面料我们都是提前订好的，一般春天和夏天就开始准备一些秋天和冬天的常规面料了。虽然迫于资金的压力，我们订的不多，但为每款预备150件的面料是一定没问题的。”如果有爆款出来，就会再进行补单，这样给面料供应商的压力就会相对减小，面料的品质也会更有保证。

招聘客服

从日销量3000到日销量30万，夏娜并没有用太长时间。订单在涨，售前、售后的客服数量却没有成正比递增。因为客服分早晚班，所以相当于每班只有8个人来应对。“在‘双十一’的时候，基本上一个客服要对300个消费者，他们最棘手的问题就是聊不过来。”在这样的情况下，不仅会流失大量的潜在订单，也容易出现客户要求张冠李戴的情况。十一月份时，客服的招聘已经很难顺利进行，由于当时正是淘宝网活动的高峰期，所以很难挖到好的客服，客服疲于应对的窘境持续了一个月后才因为流量的减少而得以缓解。

兵多将广是店铺运营的基础。如今，夏娜的规模大了，流量也在不断增多，势必要开始招兵买马。“目前，我们店在招聘储备人才、管理人员，争取所有工作人员二月份全部到位。可不能让2011年11月的窘况再次上演。”

如果经营得当，打造爆款其实一点儿也不难。但面对这些卖疯了的爆款，店铺在面对供应链、人力、物流发货等环节，却是一点儿也不敢松懈。哪怕只是一个小小的环节不到位，也有可能会引发店铺的恶性蝴蝶效应，轻则导致动态评分下降影响口碑，重则导致店铺门可罗雀一蹶不振。因此，做爆款虽好，但操作需谨慎，爆款后遗症万万轻视不得。

（文 | 刘辉）

消灭爆款

女装永远是电商各大类目中竞争最激烈的一个，随着市场机制的演变，女装卖家的推广方式也发生了改变。

初创时代，卖家最常用的方法不外乎采用直通车打造爆款。这种一旦培育成功，流量和转化率便源源而来的推广方式一度被卖家奉为淘宝运营的不二法则。但随着行业竞争的加剧，消费者消费观念的转变，这种粗暴的推广方式终于暴露出自身的弊端。

首先，爆款需要在价格上有一定的优势，如此便会牺牲客单价。其次，打造爆款一定要选款精准，一旦选款失误就会造成库存积压，很容易拖垮商家的库存体系和资金链。因此，不少卖家开始选用新的推广方式，比如不把流量集中在一件商品上的“多爆款形式”；以及不刻意打造爆款，而根据消费者的选择来对直通车等推广方式进行有针对性的投放，并辅以关联销售等方式带动全店各款销量的“多款形式”。

淘宝网数据显示，在女装头部商家中，多爆商家的数量和支付宝成交金额占 17% 的比例，而多款商家的数量和支付宝成交金额已占到 70% 以上。

当然，卖家们最关心的想必还是这些多款和多爆商家的具体操作模式，本文将主要对茵曼、OSA、韩都衣舍、纳纹、妖精的口袋、莉家等 Top100 女装商家的推广方式进行总结，得出多款和多爆店铺的推广法则。

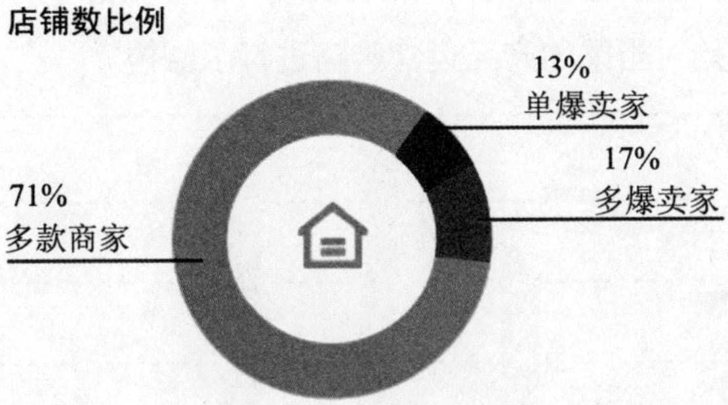

图 2-7　多爆、多款店铺及单爆店铺数量比例

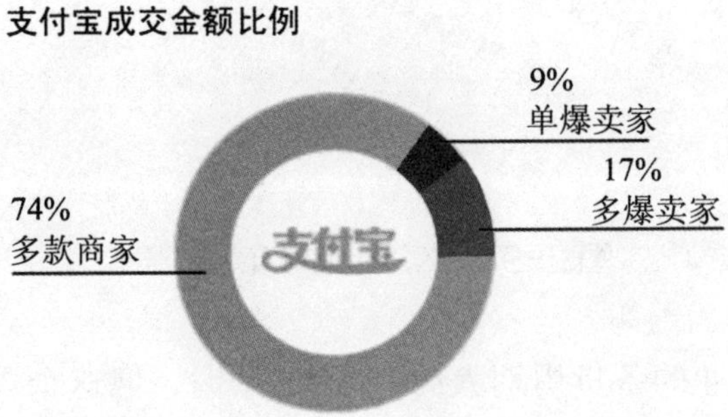

图 2-8　多爆、多款店铺及单爆店铺支付宝成交金额比例

多款商家，隐形的后端支持

说白了，店铺推广就是如何引流，店铺的推广策略决定了流量的来源。我们先来分析一下多款商家是如何引流的。通过对多款商家进行抽样调查，我们发现，其店铺流量大部分来源于以下三个渠道，即主页搜索、付费流量与自主访问。此三种流量来源说明了多款商家在推广时的运营策略，即通过钻展和直通车来推广新品，同时通过新品来吸引新客户，并使

得老客户回流。但这仅是推广最前端的表现方式。实际上，卖家从产品规划初期就已经开始对当季的产品运营策略进行了监控。

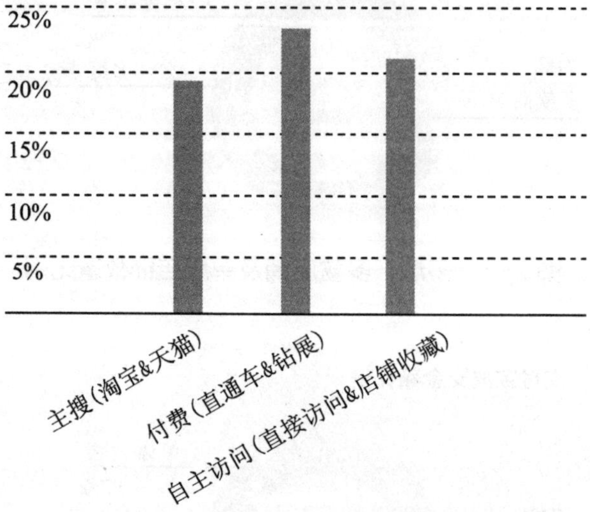

图 2-9　多款店铺的流量来源

传统女装企业的备货周期大约有 6～8 个月，但这个周期并不能适应电商快速反应的机制。因此，许多传统女装企业上线后会出现不适应的情况，不是在卖过季的库存，就是在卖自认为合适但市场却未必接受的产品。而纳纹则对传统女装的备货机制进行了改良：提前半年准备面料，只生产部分有把握的产品，剩余面料用于挖掘当季流行的款式，以便及时调整产品和快速返单。成熟的女装供应体系强调备货的计划性，提前 3～6 个月做规划，加强对设计、选款、打板、下单、面料采购等一系列流程的管理，如此对库存的把握也就比较精准，例如莉家 2012 年的清仓次数便为零。

多款商家中的 Top 级卖家，以产品为中心，下设销售部、运营部、市场部、视觉部、产品部、物流部、行政（人事财务）部、IT 部等诸多部门，公司的组织架构基本完善。大多数商家的组织架构设置以产品为中心，例如，纳纹产品部的负责人与运营、推广、设计等团队保持密切沟通，连这些部门的办公场地都被设置在一起。而老牌传统布料生产商和以国际品牌ODM（一家厂商根据另一家厂商的规格和要求，设计和生产产品）业务为主的中大纺织新成立的电商团队中，负责面料、设计、选款、下单、跟单的产品团队甚至占了整个团队的一半。

如此注重产品部，那么产品部的核心又是什么呢？

首要是产品的质量。在目前的女装卖家中，有自有工厂的大多是传统企业和从事女装行业时间较久的卖家，这一部分在女装卖家中所占比例并不大。大部分的产品还是来自代工厂的生产，而且旺季的时候，代工厂的生产比例还会进一步加大。商家在完成产品设计、选款、下单、打板、采购面料等一系列环节后，会将部分面料进行裁片后交给代工厂生产，工厂的作用只是加工这一环节。为了保证产品的质量和提高代工厂与品牌的配合度，商家会在各地设办事处负责质量跟踪。一般一个人负责几个工厂，哪里的货出了问题，就找哪个负责人。为了提高对产品质量的信任度，产品将被分成免检、抽检、全检三个类别，同时注重消费者的评论反馈——这些信息将由运营部收集，并及时反馈给设计、供应链和生产部门。这就是为什么在女装商家的团队中，生产部的人员配比比较高并且十分重要的原因。

另外，女装商家也必须注重产品设计。企业不仅配备了很多优秀的设计人员，在实际选款的过程中，商家也会参考消费者的意见。比如，莉家每月上新 2 次，每次大约会上 30 款新品。设计团队就必须先设计出 50～60 个新的款式，经由公司决策者、设计师、运营、推广、客服等组成的产品评估小组进行测评打分，删除得分最低的几款。若评估小组不能对删除某一款或某几款产品达成统一意见，便将产品交由老客户进行投票，剔除票数为零或者较少的款式。同时，老顾客的投票还将决定老顾客自身所享受的折扣力度，店铺以此来提高会员的积极性(这种投票在QQ群里进行，两到三小时便有结果)。如此的测试方法能提高选款的准确性，有不少大卖家都会使用这种方法。

在女装卖家中流传着这么一句话："做不好上新的卖家不是好卖家。"可想而知，上新已经成为女装卖家运营的一大关键。在上新时，卖家可以放大活动的营销效果，不仅能招揽新客户、维护老客户，还能在短时间内测试出产品的市场接受度。此外，如果店铺能注重新品之间的联动性，做好关联销售，还能通过上新来盘活整间店铺的销售。女装卖家常用的操作方法是，在保证质量和SKU的基础上，对首次发布的新款做限量发布处理，造成消费者在上新当天的疯狂购买，往往在上新当日就会出现某些产品在几分钟内售罄的情况，也有商家单日单款的销量达到1500件，销量超过500件的也有3~5款。

钻展落地页的呈现时刻保持着与年度计划的一致，即根据制定好的年度计划，落实到具体每一个月相对应的活动、具体时间节点，从而确定每个对应月份有多少主题活动，需要做多少落地页面等具体问题，最终确定每次钻展的策略和目标。以店铺的一次上新活动为例：上新前，用钻展做预热，吸引30%的老客户回流，70%的新客户收藏；上新时，用钻展来加大引流力度，提高成交；上新后，对浏览、收藏、购买数据反馈好的产品进行直通车推广，促进此款产品的销售，进而带动店内其他产品的销量。上新期可以被视为女装生命周期的成长期，是必须进行最大力度的推广之时。而到了产品的成熟期或者衰退期，再根据动态库存，配合钻展、直通车进行引流。

返单是非常关键和严谨的一件事，女装行业的利润很大一部分会被库存吃掉，因此卖家对返单的预判相当重要。首单过多或过少都没有问题，最令人担心的是返单，当返单下单之后，一旦供应商或代工厂拖拉、天气变化、预估失误，就会形成库存。优秀的快返必须满足两个条件：其一，面料库存充分或到仓及时；其二，尽量在上新当日就判断出返单的产品和数量，越早越安全。

对于注重以多款形式进行推广的女装卖家，如何将年度产品销售规划与日常运营结合，如何控制好产品品质，如何选择优秀的款式、再通过日常运营将产品顺利销售出去，如何将数据反馈给供应链、做到快速返单等一系列问题，是需要商家慎重考虑并进行精细化运营的关键。目前，能将以上做好的卖家并不多，这也是为什么采用多款销售模式的卖家数量虽如此之多，但真正能号称自己已摆脱“爆款魔咒”的卖家依旧为数不多的原因。

多爆商家，车手大考验

多爆商家与多款商家之间最大的区别就在于，多爆商家具有推爆款的主动性。但在精细化运营的过程中，多爆商家与多款商家一样，也需要注重以上几点。

从多爆商家的运营角度出发，对多爆商家进行解读。靠直通车打造多款爆款，首先需要优质产品的配合。而对女装卖家来说，这恰恰是最难的问题，即如何从“快时尚”的产品结构中挖掘出可以重点打造的爆款产品。

“快时尚”产品结构具有以下三大特点。其一，快速。这是指快速地设计、选款，紧跟时尚潮流；其二，款式多。有的店铺甚至拥有 3600 多款产品；其三，少量。这是指各种款式的销售数量不多。

当然，这种类型的产品结构，多多少少会存在问题，比如：

1. 店铺的工作人员每天都需要找新的关键词、优化关键词、优化图片，每天重复同样的工作，导致工作效率低下；

2. 对不断涌现的新产品进行推广，成本较高，ROI 却相对较低；

3. 相比之下，爆款没有搜索优势；

4. 新品上新快，店铺资源分散，对单款货品的节奏把控不足。

那么，该如何解决这些多爆女装商家所面临的共同问题呢？我们可以参照韩都衣舍的经历与经验。

首先，确定解决思路，即在不改变原有产品结构的情况之下，开发独立用于打造爆款的产品，韩都衣舍称这类产品为“类目款”；其次，根据市场的竞争热度和往年爆款运营的状况来确定要做的品类，比如考虑做 T 恤，就要了解数据魔方内 T 恤的市场搜索曲线、收集往年爆款的资料；最后，根据自己品牌的定位、风格、核心元素来选款。综合以上因素，最终确定备货数量和快返方案。

直通车的投放，是多爆商家运营的重点，是其在推广方式上有别于多款商家的地方。

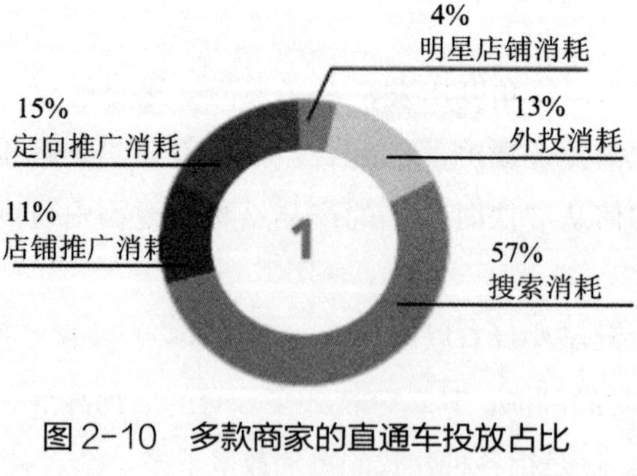

图 2-10　多款商家的直通车投放占比

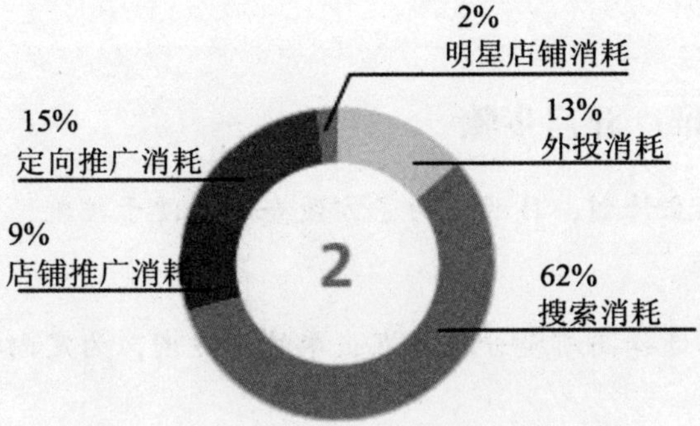

图 2-11　多爆商家的直通车投放占比

通过以上两张图，可以得出：

1. 多爆商家和多款商家的投放重点都在关键词；

2. 其次是定向推广，且两者定向推广的消耗相同；

3. 多爆商家的外投、店铺推广、明星店铺的消耗低于多款商家在此项上的消耗；

4. 多爆商家的关键词消耗比多款商家高 5 个百分点。

由此证明，打造关键词是多爆商家的一个重要手段，定向推广是多爆商家非常重要的补充手段。多爆商家强调付费推广之后自然搜索流量的提升，相对而言不会过分强调付费推广直接产生的 ROI。数据显示，无论哪类商家，定向推广的 ROI 都要比关键词的 ROI 高许多，部分 Top 级卖家定向推广的消耗甚至达到日常推广消耗的 80%，ROI 亦达到 1∶2.5 以上。由此可见，定向推广已成为女装商家直通车推广的重要手段。

TIPS

定向推广开启步骤

1. 创建独立计划，目的是为了方便查看、便于控制、方便浏览数据等；

2. 打造、选择高质量分、高点击率的关键词，为定向推广的开启做好铺垫；

3. 选择在下午15点或者晚上23点30分左右的时间提价入池，出价一般是热词的1.5～2倍；

4. 很多商家往往在提高价入池后又大幅度减价，这种做法并不可取。店铺应该先选择合适的、可以接受的价位入池，然后优化图片、提高图片点击率，通过对数据的不断观察，最后小幅度降价，确保流量和转化。

推广要做好，仅仅掌握推广工具的操作技术是不够的，必须了解产品，清楚公司的运营策略和产品的生命周期。因此，推广只是店铺运营中顺势而为的最后一笔。女装企业更多要靠产品来说话，无论是单品制胜，还是现在涌现的多爆和多款模式，最终都必须以卖家优质的产品体系为支撑。

（文 | 怀真）

第三章

直通车兜风需谨慎

直通车，6年羽翼渐丰

2007年到2013年之间，隔着6个春夏秋冬。

6年时光是一个嗷嗷待哺的婴儿长成能疾走快跑的孩童的光景。

6年时光是一款默默无闻的工具长成家喻户晓的运营平台的光景。

6年前，它的出现解决了淘宝卖家网络营销的问题。到今天，它已经成为淘宝网上家喻户晓的营销工具。6年来，直通车凭借精准、竞价、点击付费等特点，从单一的营销工具发展成为立体的推广平台，在卖家营销推广的过程中显得越来越重要。每天登陆后台，优化宝贝关键词、调整推广时间、投放推广计划等一系列操作，已然成为卖家日常生活中的习惯。

探访足迹·直通车成长历程

直通车采用搜索竞价模式，在淘宝网上以图片和文字的形式展示宝贝，帮卖家吸引流量和人气。卖家针对竞价词自由定价，并且可以通过后台数据直观地看到商品在淘宝网的排名，最后按照商品展示时的实际点击次数付费。这便是淘宝直通车运作的内核。

然而近几年来，随着客户需求的变化和推广方式的演变，直通车已经不再是单一的搜索营销服务，而是涵盖几大功能特性的综合性营销解决方案，同时满足着卖家日益多样化的推广需求。

2008年10月，定向推广诞生。这是立足于精准定位，用宝贝找人、用数十万个兴趣节点判断意向买家的推广功能。

2010 年 8 月，为了弥补单品推广的劣势，店铺推广功能应运而生，它可以为卖家提供更广阔的推广空间。

2010 年 9 月，明星店铺被正式推出，其功能在于帮助卖家塑造品牌形象，满足店铺在不断发展的过程中对品牌推广的需求。

2011 年 2 月，为了拓展和补充站内推广资源，站外投放功能也顺势而生。这个功能每天能覆盖淘宝站外 40 亿的优质流量。

时至今日，淘宝直通车已经成为集合多项功能的营销推广工具，并前所未有地融入到了卖家的生意环节中去。平均每家店铺 50% 以上的浏览量都是由直通车推广带来的。

回望 2012·直通车跨年盘点

回首凝望，自 2007 年淘宝直通车诞生至今，已有 6 个年头。如果把直通车的足迹压缩成一枚标本，无论何时翻阅，它都将保持鲜活。时值直通车 6 周年之际，直通车部门顺势推出直通车跨年盘点活动，从直通车发展数据和卖家时光机等几个维度，全方位地剖析了直通车的成长历程。

卖家时光机从卖家的角度出发，把店铺成长的每一个节点作为话题，用数据(主要为第一次做直通车的日子、店铺成交最高的一天，以及卖家关注的直通车的日常运营数据）的形式再次呈现给卖家。

不仅如此，年终盘点还披露了直通车 2012 年的整体概况。首先，直通车的规模以每月 5% 的速度增长，直通车的参与群体已辐射全淘宝的中坚卖家。截至 2012 年 12 月底，直通车在天猫商家的覆盖率达到 90% 以上，钻级以上店铺的覆盖率近 80%，并且以上数据仍在以惊人的速度发展壮大。同时，50% 的卖家在直通车上建立起了 100 多万个推广计划，设置 10 亿个关键词，这使得直通车长期保持着充满活力的状态。

用户方面，作为引流最多的卖家付费推广模式，每家店铺50%以上的浏览量均由直通车引入。对比2011年同期，直通车在2012年为卖家引入的流量增加了70%，为卖家带来的成交金额也增长了将近2倍。时至今日，平均每分钟就有一个卖家加入直通车。比起未使用直通车的普通卖家，使用直通车卖家的宝贝详情页浏览次数及浏览人数平均提升了近4倍。另外，在钻级以上店铺中，90%卖家的投入带来了成交，近60%的天猫商家在直通车上的投入带来了成交。

TIPS

各细分类目在使用直通车后的数据增长

1. 女士内衣/男士内衣/家居服类目，店铺及宝贝收藏数量与2011年相比均提升近2倍；

2. 3C数码配件类目，宝贝收藏量提升近2倍，展现量增加1倍以上；

3. 床上用品/布艺软饰类目，店铺点击提升1倍以上，店铺详情浏览量提升1倍；

4. 童装/童鞋/亲子装类卖家，宝贝关键词点击量提升2倍。

梳理羽翼·五大核心产品

引流、提升点击率、提升转化率，是直通车推广的关键点，影响着直通车推广的效果。奥帝维拉鞋类专营店对直通车投放做了全方位的分析，发现只有做好产品及店铺的展示，才能使产品和店铺获得免费流量，并节约推广成本。利用数据，在整个女鞋行业竞争日趋激烈的情况下，奥帝维拉鞋类专卖店通过不断的店铺优化、产品升级，逐渐摸索出了一套整合性的营销方案，最终使自身在整个行业中占有一席之地。

对宝贝标题进行优化，保持了定向点击率的稳定性，让朵拉宝贝旗舰店的推广质量得到显著提高。因为修改宝贝标题，广告呈现出自身的精准性。这种做法很好地利用了定向推广的特点：先通过测试选取优质宝贝，而后进行点击率优化和宝贝标题优化，让宝贝销量大幅增长。

店铺推广功能，对卖家来说，主要有两点优势：一是提高大促期间的店铺转化，二是增加品牌曝光度，利于卖家品牌打造。例如一贝皇城旗舰店，其主营商品是童装，在 2012 年“双十一”大促前后便利用优惠券做铺垫，快速提升品牌知名度。在日常推广时，店铺又在图片和关键词上加入品牌信息等元素，以达到在吸引流量的同时实现品牌推广的功效。

而爱惠浦亿家专卖店在使用明星店铺功能的过程中，很好地结合了自己产品的优势，将店铺打造成了真正的明星店铺。首先，店铺在直通车图片上进行雕琢，在明星店铺创意图中添加官方授权、品质、服务等字样，让消费者产生信赖感，从而提升点击率。取得一定效果后，再在文字链和关键词中都添加上这些元素，效果也就因此而显现出来了。

站外推广功能可以帮助卖家在营销推广中获取站外流量，梵琳达服饰在这方面就取得了很好的成绩：首先，一定要选择应季的款式，非应季的款式很难获取消费者的共鸣；其次，虽然站外推广不会对关键词进行质量评分，但卖家仍要对关键词进行筛选；最后，对图片效果进行流量测试，这样站外推广效果就会被放大。

直通车没效果，是你车没开好。不懂如何开车，投入再多也只是徒劳。

（文 | 赵犟）

高人开车——直通车投放技巧

自淘宝诞生直通车以来，没车的想开车，有车的想转让，只有极少数卖家能将直通车开得得心应手。当我们买不起首页，砸不起钻展，又没精力忙门户的时候，直通车就成为了卖家最有效的推广工具之一。

三个必须熟悉的直通车设置

想要开车，当然得了解车的基本设置，开直通车和开车一样，需要你首先知道直通车后台的基本操作。卖家在“我的推广计划”中选择某一个推广计划操作，进去就能看到管理页面，其中有三个设置项目需要卖家熟知。

首先，你需要谨慎设置你的每日限额。

每日限额必须大于等于 30 元，而且如果每天设置了多次的话，以最后一次为准。倘若日消耗超过日限额时，你的车就下线了，第二天才会自动上架。

其次，需要正确设置直通车的投放平台。

直通车的投放平台包括站内和站外。站内的投放主要以“掌柜热卖”形式出现在页面的右侧和下方。但从 2010 年 8 月 20 日起，站内推广多了一个“定向推广”功能，可以出现在“我的淘宝页面”的“热卖单品”和“猜你喜欢”中。

比较难把握的是站外推广。目前看来，比较优质的合作网站有搜狗问答、新浪爱问、韵达快递、雅虎资讯、晋江原创等。设置城市的功能比较好，但是需要借助外力，一般来说可以结合量子恒道里的“访客地区”及数据魔方里的“买家地域特征”来判断。如果你是刚开始开车的新手，技术还不熟练，建议先在量子恒道里查找自己的“既有地盘”，再进一步巩固市场。设置时间也需要借助量子统计和数据魔方，比如数据魔方里的“购买时段分析”。如果你没有工具，那就只能利用系统推荐的分时模块。一般情况下，每天大约有 3 个高峰期，分别是上午 10 点，下午 15～16 点，晚上 21～23 点，在这些时间段可以重点投放。

最后，你必须对直通车的各项规则制度时时注意、处处留心。

很多卖家抱怨，自己店铺里的产品报名了 N 次都没通过，他们对此百思不得其解。其实，真正的问题在于他们没有仔细研究清楚直通车的规则制度就盲目地参加直通车活动。比如说，图片上传一向是卖家最容易违规的地方。一般而言，淘宝网对图片的要求是纯白底无水印，清晰美观无明星。另外，实物图也很重要，如果想要自己的宝贝成为人气宝贝，那该宝贝就不仅需要具备价格优势、创造越来越多的销量，还需要上传实物图。在这里值得一提的是，不要为了追求销量而去炒作购买记录。淘宝网新规出台后，很多自以为炒作得心应手的卖家都吃了大苦头。与此同时，卖家也要注意，店铺在处罚期内是无权参加直通车活动的。

新手上路，开车支招

所谓直通车的站内推广，简单来说就是宝贝在淘宝网上的展现方式，也就是秀场。很多人认为直通车就是“右 8 下 5 的 13 点”，但这其实只是直通车的一种形式，秀场有很多地方可以展现你的宝贝。比如定向推广和

“已买到宝贝”页面最下面出现的掌柜热卖就有16个展现位，这是系统根据当前购买宝贝的类目属性自动推荐出来的上车宝贝。除此之外还有“竞拍中的宝贝”、“猜你喜欢”、“旺旺每日焦点热卖”，以及部分合作网站的展位。另外，类目展现也是很大的一块，买家按照类目层层点击下来之后的13点位置是按照各个掌柜的类目出价及分值来排序的。

至此，我们不禁要问一句，卖家究竟应该如何进行自我优化以“匹配”展位如此丰富的秀场呢？毕竟，只有依托秀场及卖家的双向努力，才能真正推高产品、火爆店铺。

卖家首先需要做的便是宝贝关键词优化，这是重中之重。

每上架一个宝贝都必须通过维度表分析，产品的维度分析表可以帮你将整个设置简单化。比如宝贝标题30个字是否够用、如何用好，宝贝详情描述如何写作等。产品维度表里的单词随意搭配组合就成了关键词，只要稍稍列举一下，就会发现合用的关键词其实非常多。

除此之外，下列选词方式也不容忽视：1. 淘宝联想（搜索框联想推荐+搜索列表页“您是不是想找”）；2. 类目关键词；3. 后台推荐关键词；4. 淘宝小二总结的词表；5. 量子恒道店铺搜索关键词；6. 数据魔方热门搜索特征；7. 数据魔方热卖产品关键词；8. 数据魔方关键词成交；9. 淘宝客使用的词。

其次，关键词的质量上去了，又该如何定价呢？即使烧钱也勇往直前，还是蜻蜓点水式的露水情缘？其实，定价的关键要看单个访客的价值。

所谓单个访客价值，就是用一定时期的利润除以这段时期的访客数，也就是一个访客可以给你带来多少利润。一般店铺掌柜可以根据一定时期内浏览量和纯利润的比值来确定一个访客的价值，也就是一个访客的大约成本。

其具体操作方法是：把默认出价或类目出价定位在访客成本值上，其他的关键词围绕在其左右浮动，只有个别优质的词可以提价。

那么，该如何判断优质词呢？直通车升级后有了质量得分的概念，系统会自动判断。得分分两个维度——关键词的相关性和类目相关性，质量得分的高低取决于宝贝的属性是否完整、正确和是否与宝贝标题相关，公式为：实际扣费 = 下一名出价 × 下一名质量得分 ÷ 你的质量得分 + 0.01 元。

综合排名规则中，质量得分将影响你的扣费。质量得分越高，你需要付出的费用就越低。扣费不会大于你设置的关键词(或类目)出价，当计算得出的金额大于出价时，按出价扣费。

最后，你还需要细致你的多推广计划。

多推广计划简单来说就是对自己店铺里的宝贝分级别、分地域地进行推广。比如当长江以北已经进入秋季，长袖开始热卖，而长江以南特别是珠江流域还在穿短袖和夹脚拖鞋时，服饰类的卖家就该苦恼了：我到底是应该选择夏装清仓还是主打长袖秋装？这个时候你就可以利用多推广计划。卖家可以把每个计划比作一组车队，放一辆车跑北方市场专门卖长袖秋装，再放一辆车跑南方市场专门做夏装清仓，再开一辆车纵横热门的江浙沪市场。总而言之，多推广计划就是将推广分流，多渠道有效地根据买家的需求进行产品分类推广。

直通车经典案例回放

如果直通车是一个以“米”字为交点的圆心，直线与圆周的交点共有 8 个，分别是：关键字、推广时段、推广出价、营销手段、类目、推广地区、宝贝定价、图片描述。

以某店铺内的一款保健用品为例，这款拔罐器销售近 2 万件，是目前淘宝网同类产品销量的第一名。

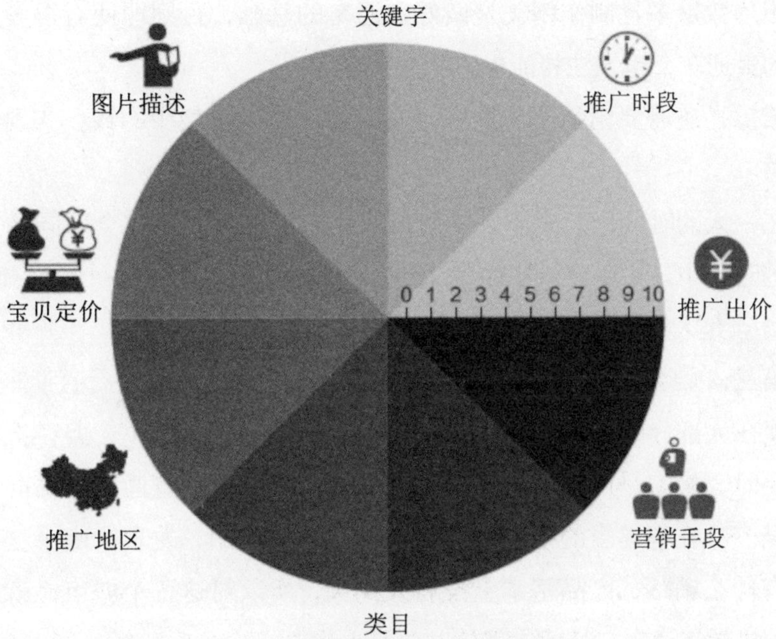

图 3-1 影响直通车效果的关键因素

这款产品就是靠直通车开出来的，现在与大家分享一下卖家的开车经验。

第一，做好宝贝图片是重中之重。

光是这款拔罐器，卖家就使用了 21 张实拍图片，从产品的各个角度向买家做了分析。另外，针对保健品的安全质量问题，卖家还附上了两张质检报告的实拍图片。宝贝实拍图和质检报告实拍图加起来一共 23 张图片，卖家由此向买家真切地交待了产品的性能和质量。同时，因为产品的特殊性，其中有 6 张真人实拍的展示图片，向买家展示产品的具体使用方法。在所有的同类产品中，不管是实拍图，还是分解图，细而全是获取买家信任的第一要素。

图片数量多且制作精美是做好直通车的基础，否则即使有很多人搭上了你的直通车，也无法将流量转化为销量。

第二，还需要精细产品推广时间，力求做到花最少的钱，实现最大化的效益。

在一天的时间里，在不同的时间段出价的性价比是完全不同的。从精细化的时间中，可以分析出中午 11 点～12 点，下午 17 点～18 点，晚上 21 点～23 点是人流高峰期，也就是产品的最佳推广时间。

第三，必须严格按照数据魔方里面的买家分布地区来进行直通车推广。

现在大部分的淘宝卖家还是按省钱原则来投放直通车，但在推广这款保健品时，卖家是严格针对不同地区的购买量来进行直通车的精准化投放的。以产品在福建省的投放情况来看，产品在漳州、龙岩、南平这三个地区没有什么销路，产品基本上没有人购买，所以对这三个城市，就应直接选择不投放直通车，从而实现效益的最大化。

第四，直通车的点击定价同样很重要，而该定价基本上是由单个访客的价值决定的。

因为由类目点进这款保健品的人比较多，所以产品投放的类目出价相对较高。类目平均点击费用为 0.84 元，基本上在单个访客价值附近就可以选择出价不大于 0.84 元。因为产品出价价格不得高于你的访客价值，因此只要把直通车的平均点击单价控制在单个访客价值之下，那么你的产品就不会亏本。所以，在投放直通车之前一定要精确的计算出单个访客的价值，然后再选择是否投放。

第五，产品一定不能随意去投放一个词，因为对一家店铺来说，有效投放才是最高镜界。因此，在选择关键词的时候，必须参考数据魔方里的数据，选择最恰当的关键词。产品大量使用词的组合，那便降低了点击单价，从而实现了高转化率。

基于此款拔罐器的平均点击单价低于店铺的单个访客价值，所以只要客户点了就不会亏本。而现在有大量的卖家，从来不去计算一家店的访客值是多少，开始是乱投，投了一定时间以后就发现亏了，继续投怕亏本、不投又怕没流量，由此进入了两难的境地。

第六，请做好同类产品的推荐。

有可能这个产品不是买家所需要的，但可以根据以往的销售情况和买家的购物轨迹，把买家最有可能喜欢的产品放在此类产品下面。如果买家不喜欢这个，还可以有相关的产品供买家选择，使店铺尽可能地不流走一个UV。

最后，产品的定价一定要合适。

买家买你的产品，不仅仅是因为买家看中了你的产品，价格因素才是关键。淘宝网上拔罐器的定价分布在25～35元之间，而这款拔罐器则选择了其中中等偏上的价格，这是买家可以接受的。因为当买家真正喜欢并信任你的产品时，一般不会因为价格稍高就拔腿离开。价格过高或过低，都会致使买家犹豫和担忧，最终导致交易失败。因此，合适的价格相当重要。

每个推广工具都不是独立存在的，会开车也要会营销。也不一定要挖空心思做淘宝客、卖霸和钻展，但是最起码要会用店内工具，例如VIP、满就送、套餐、满就减、限时折扣、包邮等。开车是一个系统工程，某个环节的疏漏都会引发“交通事故”，因此上路前，多练习很重要。

（文 | 远方的梦想）

直通车效果排名解析

自从质量得分出来之后，点击率就成了卖家在直通车推广时绕不过去的一道坎。可就算排在第一位、第二位，也不见得有多大效果，只不过平白无故地多花银子而已。

究竟要如何破解点击率的秘密？美国长期研究网站可用性的著名网站设计师雅各布·尼尔森(Jakob Nielsen)发表了一篇名叫《眼球轨迹的研究》(F-Shaped Pattern For Reading Web Content)的研究报告。相信这份报告可以帮助卖家们破解直通车排名靠前，点击率却依旧上不去的疑问。

该报告指出，大多数情况下浏览者打开网页后都不由自主地以一种 F 形模式阅读网页，这种基本恒定的阅读习惯使网页中各项要素所获得的关注热度呈现出 F 形的发展态势。

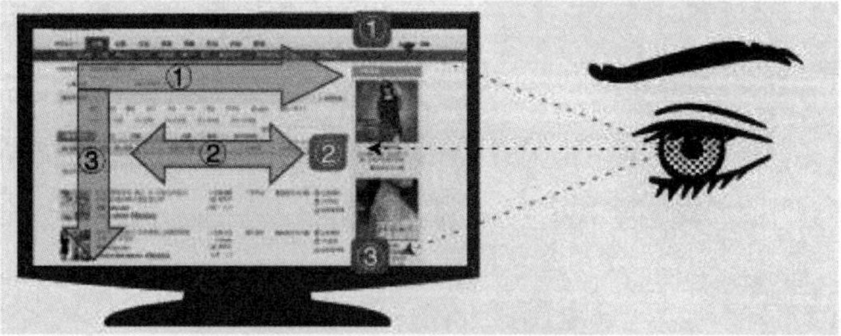

图 3-2　浏览者浏览网页的习惯

具体而言，F 形的阅读模式如下所示。

第一步：水平移动，浏览者首先在网页最上部形成一个水平浏览轨迹。

第二步：目光下移，短范围水平移动，扫描比上一步短的区域。

第三步：浏览者完成上两步后，会将目光沿网页左侧垂直扫描。这一步的浏览速度较慢，也较有系统性、条理性。

淘宝网搜索的结果主要以图片和标题的形式展示，因此占据好的排位至关重要，我们可以通过模拟买家的搜索习惯来看看哪些位置是黄金位置。

首先，在搜索栏输入连衣裙，结果出来后，能看到图片的只有直通车第一、二名(现在有的大屏幕显示器能看到第三名和第一排自然搜索的结果)。

第一、二名在这种情况下可谓独领风骚，所以如果宝贝图片跟关键词相关性好，排在第一页第一、二名的话，点击率是非常高的。当然，第一页第一、二名的竞价也非常高。

买东西都是货比三家，两张宝贝图片显然不能满足买家的购买需求，所以买家会往下滚动鼠标。大部分人会按照 F 形阅读模式继续浏览搜索结果，如此则依次看到自然搜索结果第一、二、三、四行和直通车第三、四、五、六名的位置。再往下，根据 F 形理论，很大一部分买家会忽略掉最右边的直通车位置，所以直通车的第七、八名相对来讲不是什么好位置。

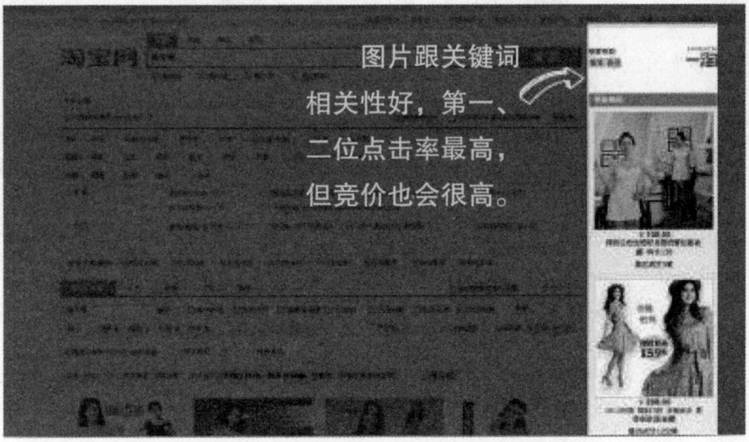

图 3-3　直通车第一、二名展示图

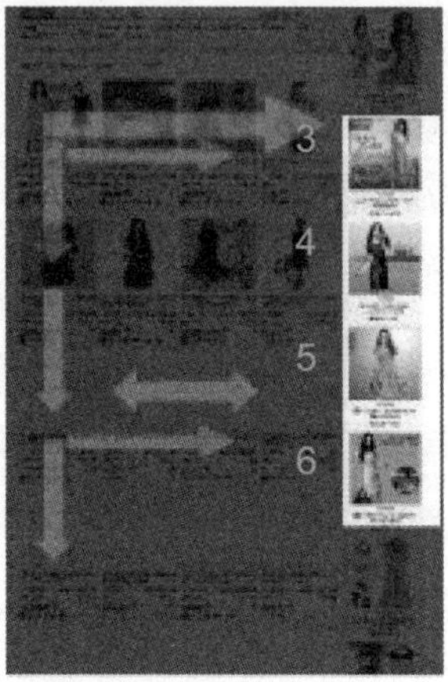

图 3-4　直通车第三、四、五、六名展示图

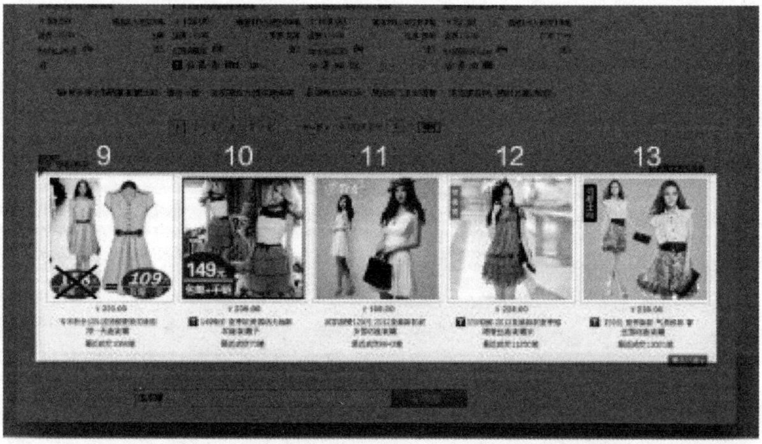

图 3-5　直通车第九名到第十三名展示图

第一页看得差不多了，准备翻页的时候，多数买家会滚动到页面的最底端，这个时候直通车的位置反而比较显眼，所以第九到第十一名也是好位置。尤其是第九名，相对来讲比第七、八名要好。

接着我们翻页往后看，不知道大家有没有注意到，翻页后浏览器会自动往下滚动一格。所以非常不幸的事情发生了，第二页的第一名根本看不到，第二名只能看到一半，相反第三名是非常好的位置。只有当买家想重新输入搜索关键词的时候，才会往上滚动，看到第二页的第一、二名。

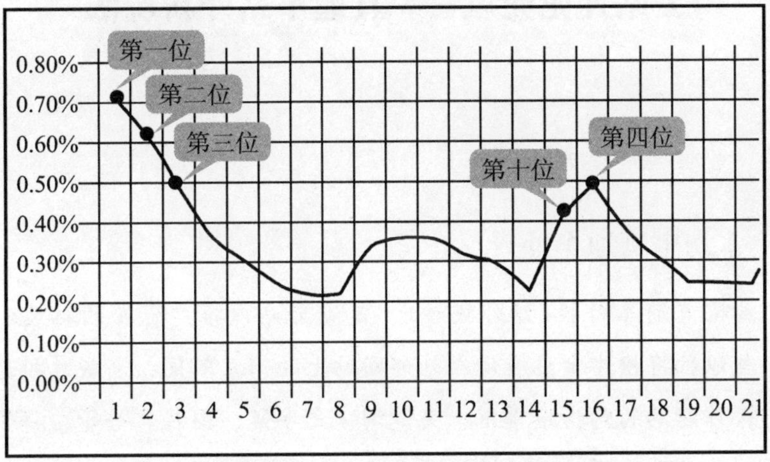

图 3-6　直通车展位点击率和排名变化趋势图

由以上点击率跟排名变化趋势图分析，可以得出前两页最好的位置依次如下：1. 第一、二、三、四、五、六名为第一梯队；2. 第九、十名为第二梯队；3. 第十一、十二、十三名为第三梯队；4. 第七、八名紧随其后；5. 接着的是第十六、十七名；6. 第十八、十九名相对较为弱势；7. 之后是第十四、十五名；8. 第二十二、二十三名；9. 最后则是第二十、二十一、二十四、二十五、二十六名。

从第三页开始，情况都与第二页类似，每一页的第一名都没有很好的效果。在日常优化中，对关键词尤其是热门词调价的时候，把关键词放在上面的好位置，相信会为你带来更多的点击量 。

（文 | 猫月妖）

去站外兜兜风——直通车站外新玩法

TIPS

淘宝直通车外投

淘宝直通车外投(站外投放)，是淘宝站内推广资源的拓展和补充。与以往将推广宝贝展现在外部网站上的形式不同，新版外投通过外部合作网站的购物搜索框、关键词、文字链、图片广告等，将买家吸引到搜索结果页面，并根据搜索的关键词，匹配相应的直通车推广宝贝在页面焦点位置上展现。

开直通车，不仅有站内车道，还可以去站外车道兜兜风。打个比方，如果一周消耗车费 1000 元，全部投在站内可以换来 10 万的展现量。可如果把这 1000 元车费在站内、站外分别投放，那么总共收获的展现量可能会是 10 万的倍数。

如果把淘宝流量分为站内流量和站外流量，站外可获取的人均流量多于站内；从卖家竞争指数来看，新兴的站外推广市场的竞争程度不足站内推广市场竞争度的 1/50。站外引流对很多卖家来说并不新鲜，但淘宝合作网站页面所带来的搜索流量依旧值得期待。

站外怎么投

站外推广方面，大部分卖家擅长的是在博客、论坛发帖自带小广告之类的免费推广。在和产品相关的站外论坛上发精华帖，自建网站或撰写博客，以期提高被搜索引擎收录的概率。这些方法需要很长时间的积累，短期内很难看到效果，而且效果难以被具体监测。而付费在站外投放广告，在站外导航网站、门户网站做推广，则是一般中小卖家难以企及的推广领域。直通车外投以淘宝联盟的方式集合优质资源，则可以帮助卖家获得更优质的流量。

站外推广的预算无法有效控制，这也成了很多卖家放弃站外推广的重要原因。直通车外投之后，这一问题得到根本性改善，用户可以自主调整推广宝贝在站外投放时的关键词出价。目前主要是通过百分比设置出价：卖家在设置投放价格的区域拖动百分比的滑条，推广宝贝将会按照站内投放的价格×百分比作为站外投放的出价。出价的百分比区间在1%～200%之间，最低设置比例10%。

淘宝直通车外投主要采用流量引入的方式，在外部合作网站上利用通栏Banner(横幅广告)、文字链、搜索栏关键词等方式，将潜在买家吸引到淘客搜索页面(s8.taobao.com)或热卖淘宝页面(re.taobao.com)，向潜在买家展现符合其兴趣及购买意愿的直通车宝贝。潜在用户从外部网站跳转到特有集合页面的形式，能够过滤掉很多无购买意愿的流量。

前期，直通车的投放平台主要以114啦网址导航、傲游今日、百货网、上网百事通、火狐导航、北京购物搜索、推客中国、雅虎资讯内容页、大拿网等导航平台为主。2011年3月24日起，淘宝直通车又加大了与外部网站合作的力度，引入了更多优质的流量资源。淘宝与包含优酷、土豆、酷6等知名视频网站，凤凰网、中国教育在线等大型门户网站在内的数十家淘外平台达成流量合作，并推出专门展现直通车宝贝的热卖淘宝页面，将大量的外部潜在买家吸引到该集合页面。这些优质媒体引来的流量也是品牌客户很看重的。

相对于原来的淘客搜索页面，新推出的热卖淘宝页面是专门针对直通车宝贝的集合展示页面（即只有直通车的宝贝可以在热卖淘宝页面展现）。它将根据推广宝贝的关键词出价和质量得分进行排序，给优质的宝贝更多展现机会。外投卖家的推广宝贝在淘客搜索和热卖淘宝页面都有机会得到展现。

值得注意的是，只有当潜在买家点击淘客搜索和热卖淘宝页面上的宝贝时，才会产生扣费。

外投性价比

直通车站外引流，到底效果如何，还需要通过卖家的实战案例和业内专家的考证来验证。卖家荣飞旗舰店于 2011 年 2 月开始使用直通车站外推广。以下将对该店铺当月的店铺数据进行分析，通过三个维度来衡量站外投放广告的性价比。

表 3-1　账户平台详细报表

推广计划	花费分布	展现量	点击量	点击率	花费(元)	平均点击费(元)
专用推广计划	**总计**	2145050	9686	0.45%	￥4125.99	￥0.43
	站内	1695154	7896	0.47%	￥3622.01	￥0.46
	关键词搜索	538933	4226	0.78%	￥1877.39	￥0.44
	类目搜索	981809	2978	0.30%	￥1525.37	￥0.51
	定向推广	174412	692	0.40%	￥219.25	￥0.32
	站外	449896	1790	0.40%	￥503.98	￥0.28
	淘宝联盟	449896	1790	0.40%	￥503.98	￥0.28

表 3-2　淘宝站外流量细分

详细	访客数(UV)	百分比
淘宝站外其他	9113	13.36%
直接访问	8068	11.83%
阿里旺旺	612	0.90%
淘宝客	264	0.39%
谷歌网页	33	0.05%
百度搜索	19	0.03%
谷歌购物	1	0.00%
腾讯搜索	1	0.00%

表 3-3　淘宝站内流量细分

详细	访客数（UV）	百分比
淘宝站内其他	15453	22.66%
宝贝搜索	14877	21.81%
未知来源	8907	13.06%
淘宝论坛	6852	10.05%
其他店铺	1180	1.73%
店铺收藏	863	1.27%
店铺管理	739	1.08%
直通车	663	0.97%

对直通车站外推广性价比的推断，主要在三个维度上进行。

店铺流量来源于宝贝信息的曝光率，即展现量，这便是判断的第一个维度。从店铺 2011 年 2 月(2.1～2.28)的账户平台数据可以看出，站内展现量为 169 万，站外投放展现量为 45 万，站内推广展现量为站外推广展现量的 3 倍。但由于站内推广的直通车花费占总花费的 87.78%，站外投放的直通车花费只占到12.21%，站内推广花费是站外推广的7倍。综合考虑站内外推广的投入值，不难发现，从展现量的维度来看，目前做站外投放的性价比非常高。

第二个参考维度则是平均点击花费。站内平均点击花费为0.46元，站外平均点击花费仅为0.28元，站外投放的点击几乎为站内投放点击费用的一半，站外投放的平均点击花费拉低了店铺整体的平均点击费用。也就是说，花同样多的油钱开车，站外投放可以赢得更多的点击量。

当然，点击量也是一个重要的参考维度。站外投放的访客占访客总数的13.36%，站外投放的直通车花费占总花费的12.21%，点击量的投入回报率超过100%。

外投转化率的难题与建议

咨询一些使用直通车外投的卖家，他们一方面对外投的高投入产出比表示肯定，但另一方面也指出了外投的Bug(问题)，提出了解决Bug的建议。

首先，站外引来的客户大都是不熟悉淘宝网或者网购的新手买家，卖家zzjfb就曾总结了一些可能是站外带来流量的交易情况：有些买家，整个交易一句话也不说，直接拍下付款后消失；还有没有支付宝认证的买家，拍了商品后建议银行汇款。这些买家的订单很多都不是通过支付宝交易的，如果卖家能多一份耐心，也许就赢得了一个潜在客户。

至于如何提高转化率，卖家zzjfb也给了一些建议：第一，要选择有销量基础的产品去做外投，新客户点击后发现有很多人买，跟风购买的可能性就比较大；第二，尽量为外投产品单独创建推广计划，避免跟站内投放产品的数据混在一起，影响效果监控。

而Sem网盟资深推广达人逛荡的猫也与卖家zzjfb持类似看法。

随着淘宝商家数量的增长，淘宝网逐渐陷入僧多肉少的境地，如果想要保持活力，就需要不断补充流量。直通车站外推广另辟渠道来导入流量，可以培养不熟悉网购的更多潜在用户来淘宝网购物。从长远来看，这对于广大卖家是有利的。

目前来看，点击量高是一个既有优势。如果商家想做品牌宣传，那自然点击量越多越好。但最关注销量的中小卖家，更关注购买转化率。而目前这样引流过来的用户，其点击转化率一般不会很高。

通过海外平台进来的用户，多半都是不知道淘宝，或者知道淘宝但没有账户的人。他们属于不成熟的网购用户，网购心理还停留在观望阶段。即使他们进来后想要购物，看到那么多的货品，也很可能会以价格为导向来做选择，受益的可能是货品单价低的C店。流量导入之后，流量的转化还面临着一个障碍，就是购买和付款方式。这些网购新手要先注册会员，然后再验证。等真的验证下来了，就未必还想买了。在这个过程中，很可能会流失用户。

总体而言，跟站内推广相比，直通车外投导入的用户网购成熟度低，使得点击到购买之间的转化率受影响。当然，从培养潜在客户的角度来看，通过站外投放来推广商家的产品，是值得一试的。

（文 | 荣飞小黑　吴慧敏）

谨防直通车恶意点击

直通车恶意点击似乎一直是很多直通车用户最头疼的事情之一。在一般人眼中，它是一种说来就来的病，临床表现为：实时访问数据个别关键词点击量飙升，且大多来自同一 IP(个别市场扰乱者甚至采取多 IP、多关键词战术)。病因则大多是同行眼红、冤家报复等。

这里有一个案例可以用来进一步分析恶意点击可能采取的方式和发生恶意点击的原因。

A 是某细分类目下中型以上卖家，A 卖家的店铺已打造出一款爆款产品，正在做直通车推广，部分热词抢占了前三的位置。B 是 A 的同行，但 B 店铺里的产品没有 A 店铺里的产品畅销，B 欲实施恶意点击，那么他可能会采取以下几种类型的操作方法。

第一种类型：拿起鼠标一顿猛点，直到手抽筋为止，也有卖家使用按键精灵。

第二种类型：点完一个词，换一个词点，再换一个词点，再再换一个词点，以此类推。

第三种类型：针对某个或若干个关键词，20 分钟点一次(同个 IP 在一个时间段针对同款同关键词的多次点击只算作一个有效点击，而这个所谓的时间段为 20 分钟)。

大多数恶意点击发生在上述类型的案例中，原因如下所示。

首先，大类目下的各个店铺来自天南海北，不易引人眼红，而细分类目多为地域性很强的类目，如海宁的皮草、嘉兴的羊绒衫、中山的灯饰等。发财的人就在你身边，你还坐得稳吗？

其次，恶意点击者也会偷懒，首页前三找起来相当方便。更重要的一点是前排热词在他们眼中是很贵的，对这类词进行恶意点击能带给他们一种痛快的满足感。综上所述，排在前三的热词成为了恶点者的最爱。

再次，恶意点击的对象不可能是那些没有财力支撑关键词进首页的小卖家，所以应该是中型以上卖家，至少在细分类目下，是实力不错的店铺。

然而，像以上这类的恶意点击，通常都逃不过淘宝网官方的法眼，淘宝网官方有近 40 个参数来界定一个点击的有效性。不过，这 40 个参数标准还无法透露，因此在这里，只能介绍 3 个常规标准。

IP 地址：对于同一个 IP 地址在短时间内进行的连续点击，只算一次点击。

Cookies：电脑每访问一个网页的时候，都会在电脑的 Cookies 里留下记录，所以我们根据每台电脑的 Cookies 记录买家点击这个广告的次数和频率，并以此来判断这个点击是否有效。

物理地址：一台电脑只有一个物理地址，访问广告后就会记录其物理地址，根据这个物理地址的访问频率也能判断点击是否有效。

淘宝直通车依靠专业的全天实时无效点击过滤系统监控多项参数，并通过智能化的算法分析，实时过滤无效点击，从而全方位保护直通车用户的投放利益。

综合以上两块内容，我们已经明确了案例背景，又掌握了官方防恶意点击的机制，那就可以分析上面列举的三种恶意点击所造成的后果了。

第一种类型：不管 B 点多少次，也就扣 A 一个 CPC（每点击成本）的钱。何况 B 眼中很贵的热词，可能会在 A 的高质量得分下大打折扣。因此，B 的恶意点击几乎没有影响。

第二种类型：在这种情况下，B 其实帮 A 做了一轮关键词培养。保守估计，每个关键词 CTR（广告点击率）会因为 B 的恶意点击而提升 0.01 个百分点。不要小看这0.01%的提升，有经验的朋友都知道CTR对质量得分的影响。更何况提升的是爆款的CTR，爆款会强势延续这一点小小的提升所带来的影响，将其无限放大，从而通过质量得分的提高，降低PPC(平均点击费用)金额，轻易抵消掉B恶意点击所扣除的费用。因此，我们基本可以说，B正在为A的爆款默默地添砖加瓦。

第三种类型：了解上述两种后果后，你马上会意识到，在第三种情况下，B就不是仅仅为A添砖加瓦了，B简直就是助人为乐、当代活雷锋、深藏功与名的典范。

综上所述，对于类似A的淘宝卖家、直通车用户来说，完全没有必要担心恶意点击会给店铺带来经济上的损失。淘宝网本身的防恶点机制以及现行的直通车玩法，都已充分保障了大家的投放权益。

给卖家的建议是，不要浪费时间去点击竞争对手的广告位；相反，最好的办法应该是将其单品链接直接放入浏览器收藏夹，方便随时打开。同时，经常搜索自己产品的主要关键词，观察竞争对手的动态——主图、排位、销量、标题的变化，时时优化自己的宝贝。

TIPS

CPC、CTR和PPC

1. CPC：英文Cost Per Click的缩写，意思是指每次点击所需要支付的费用。本文指点击直通车推广位一次，卖家需要向一淘直通车支付的费用(直通车采用的是竞价排位，这个费用是卖家自主设置的点击出价)。

2. CTR：英文Click Through Rate的缩写，意思是广告点击率。

3. PPC：英文Pay Per Click的缩写，意思是点击付费广告。

(文 |@止痛先生)

未来的直通车会是什么样

最近几年，社会化营销和无线推广逐渐成为重要的营销方式。从 2007 年开始，淘宝网和天猫商户通过直通车推广自己的主力商品，带动了整体店铺的快速成长。但消费者的习惯在不断变化，媒体、营销平台和工具也在不断变化，新的营销方式层出不穷，如何适应并赢得先机成为了众多卖家率先考虑的问题，而这也是直通车团队一直在考虑的问题。

质量分作为影响直通车搜索排序的重要因素，在过去几年中帮助了许多优质商户把相关度高的宝贝以相对较低的点击成本展示给搜索商品的消费者。和影响质量分的关键因素类似，点击后的转化能力也是衡量消费者体验的重要维度。为了可以给消费者更好的体验，促进消费者持续关注和信任推荐商品，直通车在 2012 年把转化率加入到质量分的计算中。拥有高转化能力的商家和商品，将会得到更高的质量得分，在直通车搜索排序的其他因素不变的情况下，会得到更多的展现机会。

定向推广中的精准人群投放，是网络营销最核心的优势。通过锁定兴趣人群或使用重定向能力，商户的投放效率可以得到很大提升。在淘宝网环境中，钻石展位已经验证了定向投放的效果，它的人群定向和店铺定向功能会给商户带来更高的点击(平均高达 3.5 倍)和更高的投入产出比(平均高达 1.6 倍)。依托于大淘宝消费者数据的广度和深度，直通车在定向投放上也有很多值得深入挖掘的领域：未来的直通车除了提供人群定向、店铺重定向之外，还会在消费者核心的搜索数据基础上支持搜索关键词重定向，利用买家主动表现出兴趣的数据来帮助推送宝贝或者店铺，效果将会更好。另外，利用各种定向能力，商户可以选择重点投放人群，在引入流量上也可以更加平滑，增加运营的可预测性。

除了自有媒介(如网站、店铺)和付费推广媒介(如直通车、钻展)能帮助商户推送信息到达客户之外，社会化媒介(如用户微博、商户微博)已逐渐成为营销的一个重要渠道。直通车作为纯粹引入流量产生交易的工具，已不能适应新的形势。付费推广平台需要和社会化营销相结合，成为口碑营销的催化剂，在新产品引入、活动推广和品牌建设等业务关键期发挥积极作用。付费推广只有和店铺自有渠道及用户口碑营销等其他渠道配合形成一个营销推广的立体矩阵，才可以发挥付费推广渠道的最优效果。

跟随这个趋势，直通车将升级平台，引入社会化营销和互动的能力，贯穿创意，到达页面等多个环节，提升递延转化能力。比如直通车在现有的推广创意内容(商品图片和商品描述)的基础上添加社会化组件，让推广信息不仅可浏览，还可互动，甚至收藏或直接购买。

未来的直通车希望每一个推广信息模块都可以成为购物内容。商户有机会把自己的店铺和宝贝延伸到全淘宝甚至全互联网进行可互动的“橱窗展示”。直通车将整合推广商品、相关推荐、资讯，甚至是消费者的SNS信息，支持互动分享，成为新型的社会化购物环境。

现在，除了涵盖淘宝网和天猫的核心流量，直通车也接入了一淘的搜索流量，同时通过淘宝联盟和Tanx广告交易所，大规模引入淘宝外部流量。利用淘宝的精准数据和动态出价的方法，直通车将帮助商户以最小成本把宝贝推广到更多的外部平台上。

为满足商户更灵活地进行店铺推广的需求，直通车未来也将支持客户按照点击付费的方式进行图片、文字投放，在淘宝站内的特定位置和全部淘宝外部平台上支持商户推广，让商户更灵活地选择投放标的。

(文 | 超凡)

第四章

搜索优化，让你的买家跑不了

SEO 全攻略

2010 年 7 月 6 日，淘宝搜索规则发生了根本性变化。随着阿基米德（人气宝贝）规律诞生，“淘宝 SEO”被榜上题名，大家开始关注淘宝搜索优化。但在两年后的 2012 年 7 月 26 日，正当大家已经习惯并且适应人气宝贝玩法的时候，淘宝搜索又开始削弱人气宝贝的影响，从此人气宝贝被打入“冷宫”。

2013 年，淘宝搜索再出新规，增加了掌柜旺旺号直达店铺首页的功能（淘宝搜索 @ 掌柜旺旺号），同时在搜索结果页新增选购知识。搜索新规将带来哪些影响，2013 年的淘宝 SEO 又该如何进行，本文将为诸位卖家详细解读。

TIPS

淘宝 SEO

SEO 也叫搜索引擎优化，是针对搜索规律进行优化的一种排名技术。淘宝 SEO 是指通过适应淘宝搜索排名规则，使宝贝获得在淘宝搜索结果中优先展示的优化技术。淘宝 SEO 通过研究淘宝排名规则，把自己的宝贝优化成符合淘宝排名规则的宝贝，从而提高宝贝的排名位置，获取更高流量。

这些年，淘宝经历的搜索变更

这些年，淘宝搜索历经了诸多变更，我们可以通过以下表格看到这些发生在淘宝搜索身上的变化。

表 4-1　淘宝搜索的历史变更

时间	2010 年 7 月之前	2010 年 7 月～2012 年 7 月
变更内容	按照产品剩余下架时间轮流排序	增加阿基米德定律
优化方法	增加产品＋关键词优化＋下架时间优化	打造爆款＋下架时间优化＋标题排名优化等
优化效果	简单＋明显	明显＋空间大
优化缺点	有瓶颈	复杂＋难度大＋涉及范围广

到 2013 年，淘宝搜索再出新规，这次颁布的新规则主要体现出淘宝搜索的以下变更。

变更一：淘宝搜索增加了掌柜旺旺号直达店铺首页功能，即在淘宝网首页上输入“@＋旺旺名”便可以直达到店铺首页。

之前，卖家的旺旺名除了沟通以外没有任何价值，而开通了该功能以后，旺旺名本身的价值得到很大程度的提升。和域名一样，一个好记的旺旺名，对店铺会有很大的帮助。对于一些旺旺名不太简洁的卖家，此项功能带来的帮助不太明显，但也不会有负面作用。建议卖家赶紧注册一个旺旺靓号，或者保护好品牌旺旺号，以防被他人抢占。

用户通过在淘宝网首页输入 @ 旺旺名来直达店铺首页，操作方便快捷，用户体验更好。而对店铺来说，这也使得店铺的宣传推广更加简单。当然，新的功能还需要卖家进行推广引导，卖家不妨在包装盒、包邮卡等可以做广告的地方告诉用户，在淘宝网首页输入 @ 旺旺名便可以直达店铺。除了在包装盒、包邮卡上进行说明外，还可以在淘宝网首页和内页制作说明引导的图片。

变更二：搜索结果页新增选购知识。

2012 年 2 月，淘宝搜索提出宝贝详情页质量会影响搜索排序，在此之前淘宝搜索的排序依据就只包含标题和类目属性两项。而这次的变化，将真正实现对详情页面的文字文本进行索引。此外，淘宝网也会加入反作弊的机制，杜绝恶意抄袭现象，这是卖家千万要注意的地方。

见招拆招，优化淘宝 SEO

淘宝网商品所面临的竞争压力之大，我们现在就以关键词“羽绒服”为例，做个简单的计算。

2013 年 1 月 2 日当天，“羽绒服”的搜索量是 4948087 次，当前宝贝数为 6587748 件。白天将每 15 分钟更新一次，晚上 7 点到 11 点半则是每 30 分钟更新一次；一天 24 小时 1440 分钟，搜索排序的结果大致需要被更新 85 次。

淘宝每页将会为买家展示 4000 个产品，如果在更新之后，这 4000 个产品被全部替换掉(实际情况是，有小部分产品因为权重比较高会持续展示，目前忽略这些产品)，一天时间内将有 340000 个产品被展示，展现率为产品总量的 5%左右，也就是说还有 95%的产品是没有机会被展示的。

继续剖析这 5%的产品。在被淘宝展示的 100 页产品中，能真正被买家看到的最多只有前 15 页的 51000 个产品。前 5 页占据 95%的流量，前 3 个豆腐块产品占据 30%的流量，直通车占据 20% ~ 30%的流量，白天和晚上占据 98%流量，半夜基本没有流量。据此，我们可以得出如下数据，即如果你的产品被排在前 5 页的话：

1. 前 15 页有 51000 个产品，51000 ÷ 15 = 3400 个，即前 15 页每页的产品为 3400 个，前 5 页的产品即为 3400 × 5 = 17000 个；

2. 在前 5 页的流量中，前 3 个豆腐块产品占据 30% 的流量，直通车占据 20% ~ 30% 的流量，因此前 5 页其他产品实际占到的流量为：100% − 30% − 25%（取 20% ~ 30% 的中间值）= 45%；

3. 前 5 页的实际搜索量 = 4948087 × 45%，而前 5 页产品每天更新 85 次，每次 17000 个产品，（4948087 × 45%）÷ 85 ÷ 17000 = 1.5。

因此，在关键词“羽绒服”下所有排名前 5 页的宝贝获得的平均流量只有 2 个不到，其中还没有除去销量和信誉排名以及其他二级维度的流量。即使这种通过大致比例来统计的计算方式存在着这样那样的误差，但同类宝贝之间面临巨大竞争已经毋庸置疑。

维度攻坚，精准优化

在淘宝搜索框中搜索“羽绒服”，在搜索结果页第一屏有品牌、选购热点、风格、好店推荐、颜色，以及相关的类目和关键词。下面是所有排名、人气排名、销量排名、价格排名这几个主要流量入口。因此，卖家可以分别对这几个流量入口进行分别优化。

所有宝贝排名目前是按照人气 + 剩余下架时间进行排序，也就是说，那些快要下架的商品容易排到前面。但很多时候，卖家会发现就算产品离下架时间就剩下一分钟了，却还是没有排名也没有流量。这是因为你还没有了解你的产品、关键词跟整个行业的对比，以及搜索的规则。这里所说的规则包括：

1. 无论白天还是晚上，由默认排名所展示出来的前 10 页产品基本都是有销量的，最少的是 1 笔，零销量的产品几乎不会被展现出来。只有在半夜，零销量的产品才会被正常排序；

2. 一个页面上一家店铺最多只能展示 2 个宝贝；

3. 相关性，类目属性必须没有问题；

4. 集市店铺橱窗推荐；

5. 当产品所在店铺的店铺权重（店铺动态评分、好评率、退款速度）高时，该产品就可以出现在首页，且店铺权重越高，该产品出现在首页的时间就越长。

了解这些规则之后，卖家就可以采取如下战略进行优化了。

1. 店铺权重必须做为长期重点优化的对象，店铺一定要做好三个评分，提升转化率，优化客户体验。

2. 标题里的关键词一定是相关性最好的——这里的相关不只是字面相关，还要与淘宝官方数据显示的结果相关——总之，产品的关键词通过搜索结果查看展示后，最多的类目和属性即优先类目属性。

3. 优化产品上架时间。例如某店铺共有 200 款产品，其中有 100 款产品拥有一般销量（至少有 1 笔销量），30 款产品拥有不错的销量，掌柜需要为这 3 种不同销量的商品安排不同的上架时间：30 款销量不错的产品被安排在晚上 7 点 30 分 ～11 点 30 分之间平均上架；100 款销量一般的产品被安排在白天 9 点到晚上 7 点之间平均上架（请根据行业流量高峰时间段判断安排）；剩余 70 款没有销量的产品被安排在半夜上架。整个店铺的 200 款产品一般只有 130 款产品有机会被展示，其余 70 款产品几乎没有被展示的机会。所以要想办法消灭零销量，争取让每个产品都有被展示的机会。

虽然现在人气宝贝对默认排名无影响，但是由于客户已养成查看人气宝贝的习惯，所以还是有很大部分买家会通过人气宝贝的维度查找宝贝，所以人气宝贝的流量质量至今依旧很高。基于这点，卖家也一定要重视人气宝贝的排名。

首先简单说明影响人气宝贝排名的重点因素：

1. 相关性；

2. 30天销量；

3. 卖家服务质量；

4. 商品质量和人气；

5. 搜索流量的转化率。

卖家可以根据重点因素进行优化。人气宝贝是在其他权重一定的前提下，以销量为核心进行的排序规则，所以优化人气宝贝排名需要围绕那些已经有了一定销量的产品进行。

所谓排名优化，肯定要具体到关键词。例如你的产品有500笔销量的时候，你要找到跟你的销量最匹配的关键词，我们称之为“目标关键词”。查找目标关键词的要求体现在如下方面。

1. 目标关键词具有相当强的相关性。这里讲的相关性包含两个层面：其一是文本相关，具体是指关键词与产品本身的类目和属性相关；其二是优先类目的相关，具体是指每个关键词都会有最优先的类目和属性。

2. 目标关键词必须是有搜索量的关键词，而且搜索量越高越好。

3. 排名人气宝贝前两页。如果单品销量达到了500笔的话，你所要查找的关键词必须排名在人气宝贝的前两页。也就是说，你通过查找在人气宝贝中排在前两页且销量在500笔左右的宝贝来获取目标关键词，只有这样你的产品才有可能被排名到。

以上是在优化人气宝贝排名方面需要被倡导的一种思路，即找到和产品本身情况匹配的关键词。还有一点要注意的是，不同阶段(销量)的目标关键词是不同的，同时，目标关键词是可以有好几个的。

影响销量排名的因素只有销量一个，虽说相当单一容易掌握，但还是要注意产品不能违规，价格不能低于行业最低价。

销量排名的优化思路跟人气宝贝的优化思路很相似，二者都是根据产品的销量找到在销量排名上可以排在第一页的关键词。

价格排名维度在价格上，所以关键词尽可能地选择大词，根据卖家自身的产品价格来调整。拿关键词“连衣裙”来分析，目前该类目分为以下3个价格段：34～95元，这一部分在连衣裙总量中占比31%；95～280元，这一部分在连衣裙总量中占比42%；280～620元，这一部分在连衣裙总量中占比17%。

如果产品刚好是在280元以上多一点的，那么就需要稍微往下降，让它维持在95～280元这个价格段，这个价格段对买家更有吸引力。

产品搜索名可以从四大维度的流量入口优化总结：

1. 时刻关注各大流量入口的变化和自己产品的排名情况；
2. 根据自己产品的情况不断优化最优方案；
3. 所有宝贝选择的关键词以大词和产品类目属性词组成的关键词；
4. 人气宝贝根据销量查找目标关键词；
5. 销量宝贝排名根据销量查找最优关键词；
6. 价格排名根据行业数据情况调整价格。

根据淘宝搜索老大鬼脚七介绍，2013年淘宝SEO的关键词是：专业、有趣。淘宝网会在搜索中重点投入个性化因素，更精确地预测用户的偏好和需求；同时，通过搜索将更多的产品信息传达给用户。卖家要做的，便是让自己的店铺名称、店铺描述、活动信息、产品信息更为简洁和精准，方便用户搜索。

（文｜八脚王）

搜索优化七法宝

淘宝搜索优化，是很多卖家获取自然流量的必修学分。然而，在获悉基本的搜索优化原理之后，对实践中一些重要细节的忽视或错误理解使很多卖家都进入了一些搜索优化的误区，不知不觉损耗掉了一些珍贵的流量。本文精心汇总了搜索优化过程中的七大窍门。只要能够切实掌握这些窍门，店铺自然流量的提升指日可待。

只爆单品不爆店

无论淘宝网怎么淡化，销量对搜索结果的影响仍然很大，毕竟销量及评价量极大地影响着淘宝网整体的转化率。但销量对搜索的影响，已经发生了方式上的改变。过去，卖家们喜欢将全部营销资源集中在少数爆款身上，但随着下架时间和个性搜索条件对搜索结果的影响越来越大，这个模式已经不是最佳模式了。

首先应当做的，便是管理店铺的销量布局。

店铺应该适当分散营销资源，创造更多的活跃动销品种，使更多商品有不错的累计销量，而不是将全部资源集中在极少数爆款身上——这就是多个小爆款战略。这种战略致力于消灭零销量品种，因为零销量商品几乎没有权重，而有一个销量的产品被搜索到的机会就多了很多。

另外，也可以尝试增加 7 天销量。短期销量的权重大于长期销量的权重，如果 7 天内无销量，淘宝搜索便会受到较大的影响。因此，卖家不仅仅要重视 30 天的累计销量，还要重视 7 天的短期销量。在潜在顾客剧增的重大流量日，可以提前突击 7 天销量，提高短期销量权重。

服务指标要抓牢

与此同时，服务指标也是搜索优化的重点。服务品质指标如回头率、退货率、店铺动态评分是搜索权重的基础，要是这些指标下降了，后果可能很严重。

要注意一些参数的矛盾关系。例如，退货率是一个重要的搜索权重杀手，如果有不退货就让用户满意的办法，尽量不要走退货流程；但如果用户不那么满意，又没有走退货流程，他就获得了一个给你低分的机会。因此，卖家就处在时刻权衡利弊的处境当中。

在购物引导中，多下功夫做好文案、培养客服是相当有必要的，因为这些可以帮助用户正确地选择。用户的错误选择或者错误期望，都有可能会导致低评分或者高退货率，从而间接通过搜索权重对店铺进行惩罚。

马云提出的双百万计划强调小而美，美的核心指标之一必然是高回头率。从淘宝搜索部门可以使用的参数角度进行研究，我们基本可以得出，回头率在搜索权重中的地位会持续上升。回头率不仅仅是顾客终身价值或者 IP 总回报的问题，它已然成为淘宝搜索最重要的指标之一，同时也必然是搜索流量优化的核心问题。

下架时间做精细

下架时间权重已经重新成为全部宝贝动态排名的权重之王。接近下架的品种将得到临时加权，且越接近下架权重越高。待到宝贝重新上架之后，这种临时加权才被取消。根据沸腾网自查软件“店铺搜索优化体检”的统计，80%以上体检过的店铺在下架时间项目上不及格，低分得主甚至包括日流量 10 万 UV 的女装大店。由此可见，下架时间方面存在的问题远远超出大家的预料。如果卖家使用了只强调平均下上架的管理软件，多半会损失很多搜索权重。这些软件理念不当，会促使卖家把店铺最重要的宝贝放在访客很少的时间下架。而下架优化最重要的就是将重点品种在重点时间段均匀下架。

重点品种，一般指销量权重最大的品种，例如有 100 个宝贝，卖得最好的那 30 个宝贝就是重点品种。它们应该在最重要的时间段下架，而不能被分配到凌晨、上班之前、下班时间等垃圾时间段。低销量的品种没必要挤在重点时间，它们可以被安排在低价值、低竞争的次要时间均匀下架。

那么，究竟什么是重要的时间段呢？就普遍情况来说，周一到周三的转化率高，周四开始转化率将有所下降。每天 9 点～11 点，15 点～17 点，20 点～22 点是三个转化高峰段，周末特殊。不过，不同类目又呈现出不同的特点(例如家居类目周末的转化率就很高，因为家居产品的购买往往需要家庭集体讨论决定)，每个店铺的情况也不同，不能一概而论。

但是，由于在热门时段中总有两个因素极为活跃，即访问类目的顾客总数和在此时间下架的宝贝数量，二者数量激增且后者的增幅远远超过前者。因此，对销量不佳的店铺而言，在热门时间下架货物其实是不利的。因此，每个店首先要选择好自己的重点时间段。一般而言，选择本店的下架重点时间，可以采取以下两种策略：

1. 如果销量不佳，可以在竞争较弱、流量也不差的时间下架；
2. 如果销量不错，可以在人气最旺的时间段下架。

具体哪个时间段最合适自己的重点品种，可以用软件监测同等品种的排名变化曲线后再选择，不要随意决定。

很多店铺只按自己习惯或营销需要埋头上新，上新后并没有再重新调整下架时间，下架时间没有最优化。正确的做法是：按照原来的习惯上新，但在重要时间段记得将重要宝贝均匀下架再立即上架。或者用靠谱的软件管理，按照销量的重要性自动重新调整下架时间布局。

类目属性不取巧

将同样的商品放在相容的不同类目，对关键词排名的影响不大，但却有利于获得潜在的类目流量机会。目前，搜索对类目的设定还比较宽容，因此从流量的角度看，倘若有些宝贝既可以放在这个类目、也可以放在那个类目，那就应该尽量往热门类目放，而不是放在精确匹配的类目中。

另一方面，直通车也是选择宝贝类目时不可忽略的一点。因为关键词的质量分受所选类目影响很大，选择不同的类目会极大地影响直通车可以选择的关键词。因此，选择类目要结合搜索和直通车的双重因素综合考虑。

顾客搜索行为的多样性，给属性带来潜在的长尾搜索价值。例如直接搜索连衣裙，页面中将会跳出 300 多万个相互竞争的宝贝，但如果顾客在搜索条件处又勾选了风格为优雅、元素为显瘦两个复选框，那么参与竞争的宝贝就只剩下了 2 万件。直通车展现也跟顾客勾选的属性密切相关，属性是否完整会影响直通车的长尾效益。因此，属性应尽量填完整，并最好有人复查，因为填写属性的过程很容易出错（跟鼠标操作有关，有时滚动鼠标滑轮只是为了拉动网页，却容易不小心改变了属性值而没有意识到）。如果对一些重点宝贝的属性进行检查，经常能发现错误，类似无钢圈文胸选成有钢圈文胸的错误并不少见。对搜索和直通车来说，错误的属性选择，就有可能带来较大的损失。

同类目选择一样，宝贝属性也存在利益最大化问题。有些宝贝的属性，选这个也正确，选那个也正确，那就最好不要随意选择。选择搜索时被顾客勾选较多的、或者搜索结果中宝贝数量少的属性值，可能会得到额外的回报。

标题也需新陈代谢

多数卖家确定标题后，并没有持续进行优化。这与卖家过去缺乏标题效果跟踪工具有关。现在有一些综合优化软件可以监测每个分词的日均流量和直通车的转化效率，卖家可以依据这些软件所得出的数据找出低效分词并加以替换。

流量大的重点宝贝是值得一个个分词去追究效率的。因为这样的宝贝并不会很多，他们的流量每增加10%、20%，对于店铺的影响都不小。

更重要的是，优化标题并不需要付出太多代价。在现有权重下，仅仅通过标题替换就能增加流量，这是一个典型的以时间换金钱的淘宝游戏。把低效率的分词替换掉，并进行不断测试，从理论上说，这将有助于持续提高标题带来的效益。有时，这种效益会很可观，因为找到一个正确的分词，就有可能让流量获得大幅提升，这样的例子并不少见。

没有转化力的搜索流量，从长远看来是有害的。目前已经可以利用直通车的转化数据来评估流量品质，流量高而转化率低的分词，可能不值得保留在标题中。

在男装外贸店就经常见到以下情况：标题的生动性、诱惑性很“给力”，但自然流量的价值却很低。这种标题其实比较适合面对老顾客，对新顾客流量的获取却相当不利。但换一个角度来思考，一个中规中矩的SEO化的标题，生动性很差，不利于顾客体验，其实也会影响顾客的转化率和回头率。

因此，标题不可不优化，但不能频繁优化，一般一周进行一次局部分词替换为宜，变化的幅度也不要太大。

对于热卖的宝贝，就别轻易更改，免得横生枝节。爆款标题的分词优化，最好在卖爆之前就调整完成。

对于低销量品种，不一定要争夺热词。从以下两个角度入手调整标题，可能更为靠谱：

1. 选择能够构造出较多长尾词的分词，增加长尾流量机会。

分词的影响力并不是它自己单独造成的。一个分词是否能对转化率起作用，在于它与其他分词共同组合而成的搜索词能否为宝贝带来流量。长尾构造能力强的分词，可能会带来更多的机会，可以用一个叫“词频”的参数代表这种能力。

2. 选择高搜索、低竞争的机会词。

用相关推荐词、系统推荐热词进行搜索，可能会发现一些涉及宝贝数较少、可搜索量却不少的词，这就是机会词。带参数的关键词、未被普遍跟进的飙升词和系统推荐词都是常见的机会词。找到这些机会词，在标题中使用它们，就能使你的宝贝最大可能地跃入买家的眼帘，即使是低销量品种也不用怕。

在相同时间内，相同关键词，一个店一般最多只有两个宝贝可以上第一页，其他页面也有类似约束。因此，避免关键词内耗便成为了店铺搜索优化的重要工作。

假设某一店铺有 3 款连衣裙的销量都在 100 笔左右，下架时间比较靠近，大家的标题又都包含“2012 新款”的字样，这就表示出现了关键词内耗，有一个宝贝的曝光机会已经被浪费了。如果它不使用“2012 新款”而改用其他关键词，则可能会获得更多的曝光机会。对于动销品种较多的店铺，消除内耗冲突可以立竿见影地提高搜索流量。

以前，人们即使意识到关键词内耗，也很难人工分析。直到有专门的分析工具出台，关键词内耗才得以成为店铺搜索优化的重要工作。对于小类目，在可用词本身就不多的情况下，仅仅通过修改标题将难以避免内耗冲突，可结合合理布局下架时间来立体式地解决。

切勿忽视点击率

一般说的搜索优化意在争取展现量，而不是真正的流量。相同的展现，提高30%的点击率，自然流量当场就能上升30%，是不是很值得重视？提高宝贝的点击率，不但可以多快好省地提高自然流量，而且可能会提高搜索权重。

那么，又该如何提高店铺自然搜索的点击率呢？

首先，要强调图片的优化。不仅开好直通车需要优化图片，想获得理想的自然搜索流量也要优化图片，所有动销宝贝的主图（未必是非直通车图)都需要优化。我们可以借助直通车图的轮播测试来优化主图；对于没有开车的有流量品种，也要利用直通车优化主图。

另外，不同的标题顺序也可能会带来不同的点击率。一般情况下，标题的头8个字对顾客影响最大，对顾客吸引力最大的字眼应该移到最前面，例如促销或创意，以及对宝贝优势所作的描述。

别流失搜索补丁

图4-1中的搜索选项，每一个都代表着一种额外的曝光角度：推荐的价格范围、免邮费、折扣促销、货到付款等。这些曝光角度需要卖家主动

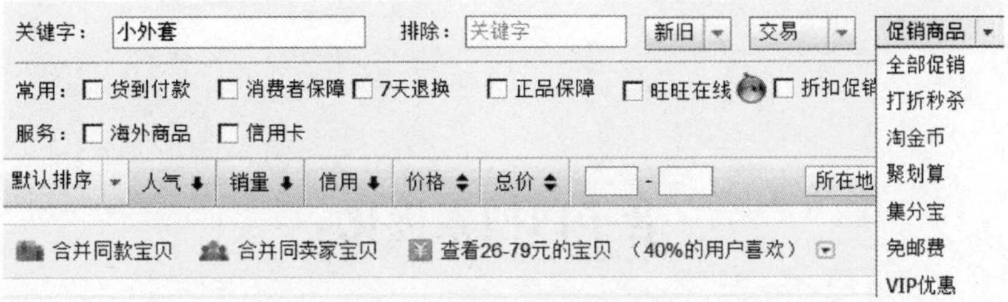

图 4-1　淘宝搜索选项

去迎合，卖家要尽量让每一个动销宝贝都有机会进入折扣促销页面。以免运费为例，这不仅仅有助于提高转化率，而且可以增加被搜索到机会。因此，如果有可能，应该尽量免运费。

你可以从搜索端获取多少流量？多数卖家都会在标题关键词优化、下架时间优化、橱窗推荐上面做工作，但由于认识存在误区、工具也不到位，许多店铺没把这三项工作真正做对做好，损失大量权重和机会而不自知。对照上文自查，你或许就会发现自己店铺在类目和属性优化、点击率优化、搜索选项优化等方面的潜力，甚至恍然大悟，原来店铺的搜索流量还有这么大的增长空间。

（文 | 何田）

老子曰搜索优化

淘宝网上的店铺总数和宝贝总数高速增长。每个掌柜都希望自己的店铺被更多人看见，期盼自己的宝贝都有被展现的机会，渴望每天都有新的客户进来。然而，淘宝网早已经屏蔽了百度的网络蜘蛛，对淘宝卖家来说，淘宝搜索成为了淘宝店铺新客户的主要来源。如何做搜索优化？为了提升搜索排名，争取更多的流量，很多卖家挖空心思去学习技巧，但效果却并不明显，而且被降权的风险也很大。本文将结合以前和卖家沟通培训的内容，从道家的角度，来解释淘宝搜索优化。

道可道，非常道

《老子》第一章讲：如果道能够说出来的话，就不是真正的道了。很多东西需要靠积累，只有积累到一定程度才会悟出其中的道理。

淘宝价值观的第一条是：客户第一。而卖家的客户只有一个，那就是买家，也就是消费者。从本质上讲，卖家在为消费者服务，服务好的卖家会留住现有的消费者，带来更多的消费者，从而为自身带来更多收益。因此，把消费者服务好至关重要，淘宝搜索也是如此。

一切从消费者的体验出发，正是搜索优化的“道”。只有服务好了消费者，才是正道。

上善若水，顺势而为

《老子》第八章讲：最高境界的善行就像水的品性一样，泽被万物而不争名利，最善于顺势的莫过于水了。

关于顺势，有两个层面的解释。

第一层面是策略。每个公司都会推行一些运营策略，大家要紧跟公司策略，顺势而为方能事半功倍。淘宝搜索在很早以前就已经说要增加服务质量分，要对作弊卖家进行处罚，但很多人对此置若罔闻，等到真正实现的时候就后悔了。搜索是淘宝网的搜索，大部分淘宝网运营的策略都会反映到搜索排序因素中来。

第二个层面是战略，而这方面是很容易被忽视的。

淘宝网在宣扬什么？大淘宝。马云在宣扬什么？新商业文明。如果你能让你的店铺和这个大趋势结合起来，你觉得会是什么状况？

举个例子来说。你是否愿意分享，愿意帮助那些中小卖家，愿意承担更多一些责任？笔者在北京遇到“小水眼镜”，就问她：你有没有想过2010年只赚50万，把另外的50万拿来支持边远山区的学生或者灾区的人们？你有没有想过把这50万拿出来帮助更多的中小卖家呢？你有没有想过去拉动同行业的发展？她有很好的资源，有很好的经验，她应该可以帮到别的卖家。

我不是让大家都去做这些，只是想让大家通过这个例子想想：如果“小水眼镜”真的这么做了，她的影响力会是什么样的？淘宝网会不会给予她更多的支持？

有人说，我是小卖家，做不了这些事情。新商业文明的特征是“开放、透明、分享、责任”，每个阶段都有每个阶段能做的事情。

还有个例子，麦包包现在做得不错，他们有个做法值得大家借鉴。麦包包的老方说："麦包包的战略就是紧跟阿里巴巴，仅此一条。阿里巴巴推什么，我们就加入什么；淘宝网推什么，我们就做什么。现在，淘宝网的武侠文化、创业文化，麦包包都在借鉴。"

这么做有一个好处：只要阿里巴巴不犯错，他们就永远是安全的；如果阿里巴巴犯错，小公司也能很快掉头，风险不大。更重要的是，这样一来，你就不用花时间来琢磨到底如何决策了。

大道甚夷，而人好径

《老子》第五十三章讲：大道非常平坦，但世人喜欢探索其他小路。这就像我们从小就知道"书山有路勤为径，学海无涯苦作舟"，但却还是经常去寻找成功的捷径一样。

很多卖家，为了提升在搜索中的排名，做了很多投机取巧的工作，甚至包括一些作弊方式。例如嫁接商品(在同一个宝贝 ID 上更换商品)、广告商品（用低价策略，吸引流量后点击到其他页面购买)、堆砌关键词(在标题中故意写很多关键词)、炒作销量等，不胜枚举。针对这些作弊的行为，淘宝网将予以降权处罚。

在一些工具还不太完善的情况下，很多人问这样会不会被降权，那样会不会被降权，其实判断原则很简单，还是围绕"道"来进行的：如果你的行为是在欺骗买家，那么你的商品便很有可能被降权，即使现在没有，以后也难逃噩运；如果你的行为是正常经营，那么你店铺里的商品便不会遭到降权处理。

举个很有意思的例子。有个 ID 为"大 J 小 v 美衣量贩"的卖家，以前总是寻找各种理由拒绝客户的退货要求。后来，为了提高店铺服务质量，这家店铺开始尽量满足每一位客户的退货要求。结果呢，这家店铺的退款率反而下降了，客户的评价也提升了。

从本质上讲，只要你把客户服务好了，客户就会更加信任你，回头客会更多，也会介绍更多的客户来。现在，网络购物的人群只占网民的少数，还有很多人从来不在网上购物，但倘若有一天他们也开始在网上买东西，到时候他们会听谁的？肯定是听目前这些购物专家的。因此，把现在这些人服务好是必须的。

再说一个数字，淘宝上实物交易的平均客户转化率约为 1%。如果你的店铺每天能获取 200 PV，你要想办法让你的店铺至少成交两单。如果你有 200 个 PV，一单都没有成交，你成天想要更多的流量又能怎么样呢？这时候不应该抱怨，反而应该思考，到底如何才能让自己有成交量。无论流量多少，一定要好好把握。先把自己已有的流量把握好，才有能力去迎接更多的流量。如果你有 200 PV，每天能获得超过两笔订单，淘宝为什么不给你更多的流量呢？所以，把你现有的客户服务好才是根本。

大直若屈，大巧若拙

《老子》第四十五章讲：最正直的人外表反似委曲随和，最聪明的人外表看上去很笨拙。很多看上去很笨的办法，却是最好的办法。

从客户的角度出发，你可以去做很多看上去很笨拙的事情：对客户更加热情，尊重客户，发货更快，推荐最合适客户的商品，保证货品质量，标题描述写得更加规范易懂……这些虽然看上去跟搜索没有关系，而且有点笨，但做好了，客户体验好了，搜索优化自然也就做好了。

如果没有思路，不妨多去看看那些成功的大卖家是如何做的。一个大卖家之所以能成为大卖家，肯定不是因为人家有运气或有资源，一定还有很多其他值得去借鉴的因素。Nalashop想必很多人都知道，在Nalashop店铺的首页右侧就有个很有特点的区域：纳米真人秀。上面有买家的照片。如果我看到有买家把自己的照片都放上去了，你觉得我会不会以后经常去呢？我会不会把我更多的朋友也推荐过去呢？

一切从消费者的体验出发，就是搜索优化的“道”。只有服务好消费者，才是正道。

（文｜鬼脚七）

自然搜索10戒

在淘宝网中，不少卖家为了在搜索上获得更好的排名和更多的展现机会，采用了作弊手段。

过去几年，淘宝网的发展非常迅速，但是针对作弊卖家的处罚却始终没有跟上发展的脚步。这些卖家通过不正当的方式获得了不少利益，他们甚至把这些作弊手段当作自己多年运营店铺的经验。而那些原本诚信的卖家也因为看见这些不法卖家不仅没有受到制裁，反而因此获得了长期稳定的利润，也纷纷在自己的店铺运营中复制这些作弊手段。由此便产生了破窗效应，这对淘宝网的发展和卖家自身的成长都造成了很大的不良影响。

作弊最大的受益者是这些作弊的卖家，最大的受害者是淘宝网的买家，其次是那些诚信的卖家。然而，作弊越多，买家体验越不好，买家也就会越来越少。因此，长远看来，作弊对所有卖家都会有影响，包括那些作弊卖家。正因如此，淘宝网也越来越重视作弊的行为，并对这些作弊卖家进行了严厉的处罚。卖家一旦作弊，就会被搜索引擎降权，甚至直接过滤不予展现。那种靠作弊得到流量的“好日子”从此一去不返了。

什么是搜索作弊行为？我们认为，凡是为了提高搜索排名而故意采取欺骗搜索引擎和消费者来获得流量和点击的行为，都属于作弊范畴。淘宝网公开了三类搜索作弊行为：第一类的划分是依托相关性因素，比如标题滥用关键词、错放类目和属性、重复铺货和重复开店；第二类的划分是依托销量因素，如虚假交易和换宝贝；最后一个类别则是依托价格因素，包括价格不符、广告商品、邮费不符、SKU 作弊、标题等描述不一致。

其中，卖家被降权多因价格因素。因为不少卖家为了获得更多的展现机会，采用了以低廉价格去吸引买家的方式。然而，淘宝网为了令买家有更好的使用体验，由以前的比价更多地转到了服务质量的对比方面。另一方面，淘宝网本身也不鼓励卖家以低价作为诱饵引诱买家。因此，以低价作为吸引买家手段的卖家就正好撞在了淘宝网反 SEO 作弊的枪口上。

下面提供两种卖家因价格因素被降权的情况。

首先，广告商品是最常见的价格作弊方式。广告商品包括：以一口价或拍卖方式发布已经出售或者仅供欣赏的商品；发布自己或者别人的生活照、实体店铺的店面图片或者介绍、品牌故事、行业知识，或者纯粹贴图供人欣赏的商品。简单来说，所有不以出售作为目的的商品都是耍流氓，它们当然是淘宝网重点打击的对象。

以下案例便是采用广告形式发布的商品，店家欲利用低价吸引流量，之后再将流量导去别的店，由此对买家构成欺骗。

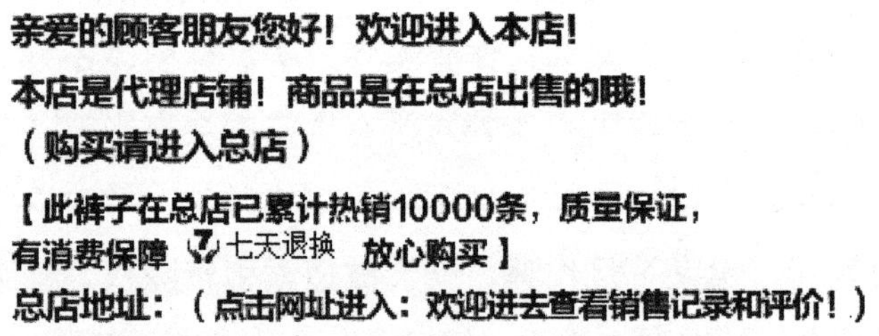

图 4-2　以广告商品形式作弊的案例

案例二也是广告商品作弊方式的典型，即以低价提供无意义的商品，扰乱正常的搜索。

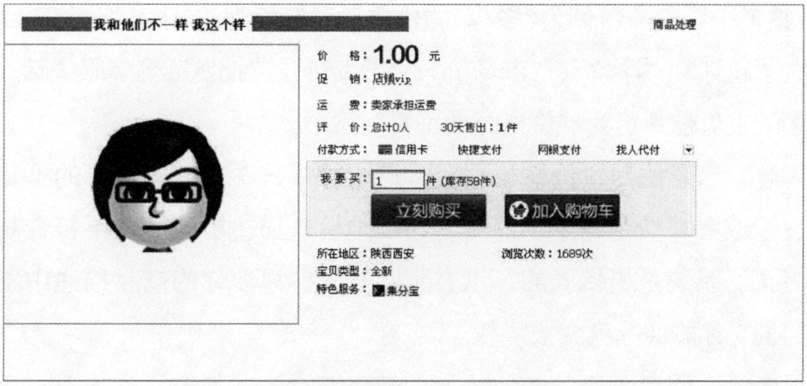

图 4-3　以低价商品扰乱正常搜索的案例

其次，价格邮费不符也是一种常见的价格作弊方式。凡是发布商品的一口价很低，邮费不符合市场规律或所属行业标准的(包含但不仅限于如下情况：雪纺吊带衫，一口价 1 元，平邮 100 元)，均被淘宝搜索判定为价格邮费不符商品。

有不少人对价格邮费不符这条规则比较疑惑。在搜索论坛上，不少因触犯这条戒律被降权的卖家都百思不得其解。

其实，卖家最容易犯的毛病，就是使用了“最小购买单位为一支”或“一口价为一支”等字眼，而这些字眼恰恰就是被淘宝系统认定为价格不符的源头。也就是说，在一口价的基础上，描述中还存在其他规格的价格，就会被系统认定为低价引流，价格与实际不符。只要在标题中出现“起卖”、“起售”、“起订”这样的词，就有低价引流的嫌疑，也就是价格与实际不符了。

还有就是，商品的描述里也不能出现“批发”、“原价(多少)”、“批发价(多少)”、“市场价(多少)”、“仅售(多少)”等字眼。

所以卖家如果在宝贝描述中添加了“最小购买单位”、“基本购买单位”、

“最少拍多少”、“一口价为(多少)的价格”、“标价为(多少)的价格”、“多少起卖”、“起订”、“原价”、“市场价”、“批发价”、“批发”等字眼的话，都会造成你的宝贝被判定为“价格邮费不符”。

因此，当系统判定价格与邮费不符的时候，卖家首先考虑的不是东西太便宜了或者邮费定高了，而是要仔细地检查描述中有没有不符合规定的字或者词。系统是机械式的，没有那么智能，只要你的商品描述中出现了违规的词，你的商品就会被降权。

很多人会问自己的某些做法是否是作弊行为，其实，这里有一个很简单的评判标准：该行为的出发点是什么？是为了欺骗消费者，欺骗搜索引擎，还是为了提高用户体验，更好地服务客户？如此，当下即可明了。

（文 | 李嘉铭）

第五章

互动时代如何玩转 SNS

淘宝站内搞定 SNS

由于消费者无法对商品有直观的了解，电子商务的购物场景远比线下的购物场景要复杂得多。而与之相对应的是，消费者在网上购物时的参考信息亦更为丰富，这些参考信息包括产品规格、广告、使用报告等，最为重要的是其他消费者的评价和推荐。

另外，消费者与卖家的关系在淘宝 SNS 产品中也和在实体购物场景中有所不同：在实体购物场景中，两者是明确的买卖关系，他们之间很难建立对彼此的信任；而在 SNS 场景中，消费者不知道发布信息或图片的用户是什么身份，没有购物场景中明确的买卖关系，这就对建立信任感带来了很多益处。

也正因为如此，淘宝网非常重视建设自身的社交属性。淘宝网希望可以在卖家与买家之间、买家与买家之间建立一个互动平台，使用户评价、用户推荐成为更直观的购物决策参考信息，也从而使消费者能放心、快捷地买到满意的商品。

给淘宝卖家 SNS 的一些 Tips

无论是对大型卖家还是对中小型卖家来说，SNS 化的淘宝都具有相当高的商业价值。SNS 化的淘宝能使大型卖家热销的商品获得更多被消费者推荐的机会，而中小卖家则更是淘宝 SNS 化的受益人——这些中小卖家无力进行大规模的推广，一般会采用与消费者“交朋友”的方式赢取消费者的信任，进而增加订单数。不过，在淘宝SNS产品出现之前，卖家想要与消费者交朋友就只能通过淘外的平台进行，或者抓住每一个与消费者进行旺旺对话的机会。前者的不利之处在于，卖家不得不在两个不同的平台之间迁移消费者，而在这个迁移过程中往往会流失一部分用户；后者则较为被动，如果商品或者店铺没有被消费者发现，那又何来聊天的人呢？而淘宝推出的SNS产品却能一次性解决以上两个问题：消费者切换平台的行为显得更为自然，同时亦为卖家提供了一对多“交朋友”的可能。

社会化网络的好处在于，当用户在某个平台上的点击量积累到一定阶段，点击信息就会最终描绘出这个客户的相关属性，比如购物偏好、生活习惯等。如果社会化网络更为开放，收集到的信息更多，甚至可以推算出客户的收入水平、年龄等私人信息。卖家可以根据这些信息为消费者提供更加个性化的商品推荐及其他服务。

不过，与直通车、淘宝客、钻石展位等可以精确计算投入、产出的推广方式相比，卖家投入到SNS的精力在一开始是无法通过销售额量化的。首先，SNS营销是一种长期性的行为，需要通过很长一段时间的信息分享、互动才会显示出自身的价值。与此同时，为了与客户建立互相信任的关系，卖家还需要花费大量精力。卖家需要同客户进行交流，也需要持续分享图片、文字，这些都会花费卖家不少精力。因此，进行SNS营销，需要卖家能耐得住寂寞，并且根据社交平台的特点投入一定的精力。

此外，SNS营销也并不是用发布信息、回复客户评论就能概括的。卖家要做好SNS营销，首先就需要对每个社交产品、社交平台的用户习惯有一定了解，最直接的方式便是观察社交平台上最能吸引用户的信息是什么，然后寻找相类似的高质量信息进行分享。

除此之外，卖家还应该进一步根据自身的需要选择合适的SNS方式。

就目前而言，有两种不同的电商社交方式：其一为微博式，即信息按时间的先后顺序进行展示，信息内容包含文字、图片、视频等多种元素；其二为图片社交式，信息传达以图片为主要方式，追求视觉冲击力。图片导购类的社交产品，会对同类图片进行自动归类，并将用户对图片的喜好程度作为决定图片排序的重要因素。因此，发布与店铺商品、风格合拍的图片在这种社交平台上显得尤为重要。而微博式的社交产品覆盖面较广、包含信息众多，所以卖家在注重信息质量的同时，也需要合理安排发布微博的时间。

多项 SNS 组件协同作战

SNS 卖家服务中心包含了多个产品。这些产品包括淘金币、店铺动态、店铺动态广场、SNS 组件等，其中既有营销平台，又有店铺信息发布渠道，还有深入店铺的用户互动按钮。这些产品虽然不在同一个平台上，但却协同搭建起了一个功能齐备的 SNS 网络。

表 5-1 “SNS 卖家服务中心”整合的产品

产品	作用	出现位置
淘金币	淘宝促销平台，集中展示淘金币优惠产品、活动。	淘金币平台
店铺动态	向收藏过店铺或宝贝的消费者展示店铺动态信息，包括上新、优惠、活动等信息。	买家后台
店铺动态广场	集中展示卖家的店铺动态信息：淘金币优惠、上新、店铺优惠券等。	独立页面
SNS 组件	当消费者收藏了某店铺或某宝贝，这些店铺的动态信息将会展现在消费者的店铺动态中。	店铺页面、宝贝详情页

SNS 组件可以在店铺或商品页面布置几个按钮以供消费者点击，消

费者点击之后便会收藏或分享商品，也可以收藏整个店铺。之后，卖家报名淘金币活动、商品的淘金币价、产品上新、限时折扣、搭配套餐、满就送、优惠券与帮派活动等 7 类动态消息就会自动生成，并实时推送给收藏了店铺或商品的买家，买家后台的店铺动态会实时更新这些信息。消费者只需要点击系统自动发布的动态信息，就可以直接进入店内的商品详情页面、优惠券领取页面或帮派活动页面。消费者也可以对店铺动态进行评论、转发。

SNS 认证卖家的商品淘金币价、上新、优惠券与帮派活动这几类动态信息能实时进入动态广场展示。想要信息在店铺动态广场发布的商家必须通过淘金币后台系统的认证。而在认证通过之后，这些商家便会自动成为 SNS 认证卖家。

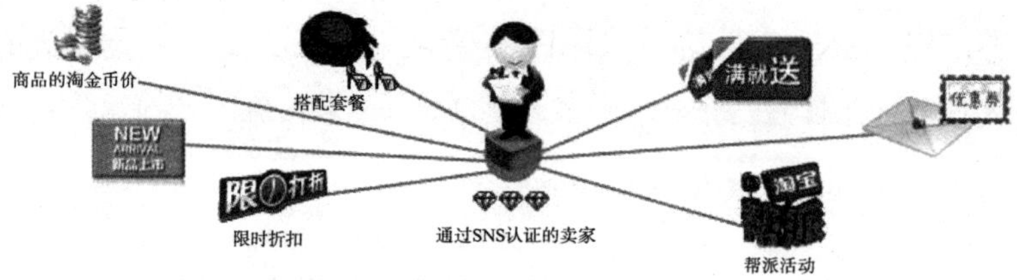

图 5-1　SNS 认证卖家的“福利”

话题秀可以让卖家发布一个话题，吸引消费者评论。“喜欢”按钮可以让消费者在不需要输入文字的前提下表达自己的态度。“分享”按钮顾名思义是将宝贝分享给其他消费者，甚至是分享到其他社交平台上，让消费者帮你增加商品的展示量。

只要店铺是旺铺店或商城店就能够直接使用 SNS 组件，即便不是 SNS 认证卖家也没有关系。这些组件，单独看起来意义不大，实际上却为卖家收集消费者态度提供了很大的帮助。

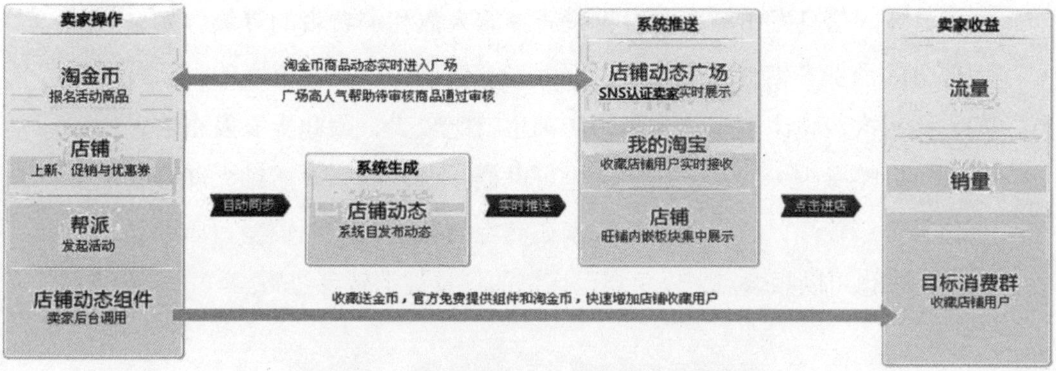

图 5-2　淘宝 SNS 组件协同作战图谱

然而，由于买家后台的店铺动态信息完全按照时间的先后顺序进行排序，那么，如何让信息在合适的时间出现在用户面前，便成为了玩转 SNS 过程中最为重要的一环。

因为买家在后台的时间是有限的，因此卖家发布的信息一定要适量且精准。如果卖家把一次性上架的 20 款新产品全部发布为店铺动态信息，那么无疑将对消费者产生干扰。因此，有条件手动编辑店铺动态消息的卖家(三钻以上卖家及通过 SNS 认证的卖家)可以选择仅将力推的款式作为动态信息发布出去。此外，限时打折、满就送、优惠券等优惠信息是必须要发布的。

另外，产品上新、优惠信息的发布时间点也是需要把握的，这些信息都适合在买家购物的高峰时段发布。不论是有时间限定的促销活动，还是店铺的常规优惠，都可以做循环发布，争取让更多的消费者看到信息。对有时间限定的促销活动，应该加上优惠时间段，甚至是倒计时，刺激消费者下单。而对常规优惠信息则必须选择不同的购物高峰期发布，比如今天是在早上 9 点，明天可以改为中午 12 点，后天则改为下午 14 点。常规优惠信息要夹在主推商品、套餐信息中，以免给消费者带来“审美疲劳”。

具体的信息发布频率要看收藏店铺的人数和消费者的等级。如果店铺大部分的消费者信誉等级较低，那就表示他们停留在淘宝网的时间就比较短，购买次数也比较少，收藏的店铺也就比较少，因此卖家发布信息的数量就可以略微少一些，发布频率也可以低一些。而如果店铺大部分的消费者信誉等级较高，就说明这批买家在淘宝网花费的时间较多，店铺动态信息的发布也可以频繁点，以免自己店铺的信息被消费者忽略。

图片导购产品的信息点

如果说，淘金币、店铺动态广场等产品意在为消费者传达较为明确的信息，即商品在打折、店铺在活动，那么2012年以来淘宝推出的类Pinterest(全球最大的图片社交分享网站)图片导购产品(在这类网站中，最为人所知的当数美丽说和蘑菇街)则无疑隐晦了自身的诉求。

在广义的图片导购社区中，用户的身份随时都在切换：买家既可以是图片的分享者，也可以是已被分享的图片的受众。对卖家而言，买家身份的模糊无疑能带来极大的好处，它可以减轻很多买家在浏览时对推广信息的反感。

卖家可以在商品图片中进行以文字为主的互动，这种图片和文字的互动能进一步强化买家对商品和店铺的信任。虽然这些文字根据不同社区的特点会有不同变化，但它们大致的“玩法”是一样的，即以精美的图片为卖点吸引用户关注，且不能是广告图片再以点评文字为互动方式。按照顽兔社区的图片规范，用户上传的图片必须要美观清晰，没有水印，不变形不模糊，没有包邮、促销、价格等商业性的文字。不得不说的是，在社区场景之下，用户因自身身份的随时转换，就更易采信图片之下的互动信息。而如果是在线下购物场景中，消费者很容易对商家的保证和建议产生天然的质疑。

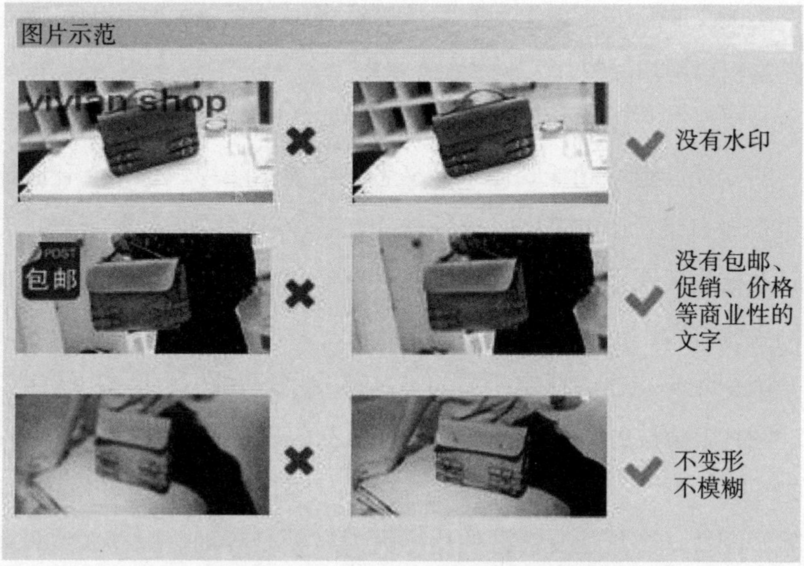

图 5-3　图片示例

TIPS

爱逛街与顽兔

1. 爱逛街：基于商品的购物工具，帮助用户从海量的商品中进行多维度筛选。

2. 顽兔社区：是内容更广泛、覆盖面更广的图片社区(图片包含但不局限于淘宝商品图)，能帮助用户进行快速收藏、评论和分享。

上传的图片最好是能够引发评论和点击的商品图，而平铺的衣服图就不会受到太大的关注。此外，一些图片社交网站允许输入描述性文字和标签，前者用于介绍图片，后者便于用户快速筛选图片。而店铺链接、店铺宣传之类的文字最好不要出现在图片描述当中，文字内容也要符合图片内容，以免引起用户反感。

一般情况下，用户在使用这些图片社交产品的过程中，都具有自建图片集合的功能。这个功能既便于分享者集中展示图片，也便于普通用户在手机中查看自己看中的美图。这项功能在各个社区的名称都不同，有的叫相册，有的则叫图集。有的卖家为了突出产品，会在一个相册里添加一个商品的多张细节图。但卖家们请万万牢记，这可不是商品详情页，这是以美图来吸引用户点击的社交产品。当一部分用户对图片表示出更大的热情之后，图片就会被更多的用户发现。换言之，一张精美的图片将是一个良性循环的开端。

除了图片，图片社交社区的另一大内容便是互动。互动大致可以分为两类：一类是点击表示欣赏或不喜欢态度的按钮，如“赞”、“顶”、“喜欢”等；另一类则是文字互动。

表明态度的点击数量一多，就很容易辨别出某个社区，或者某个频道用户的偏好。如果能发布类似风格的图片，那获得用户青睐的可能性就更大了。

作为一个隐藏起卖家身份的分享者，没有必要频繁去顶自己发布的图片。另外，重复发布一张图片，基本上也属于不受社区欢迎的行为。

与点击态度按钮相比，图片社区对卖家文字互动能力的要求更高。藏起来的卖家最好发表一条能引起讨论的评论，比如，针对衣服的图片，就可以讨论如何搭配；而对食物图片，则不妨分享一下食品的味道。在与其他用户进行文字互动的时候，讨论的重点最好停留在图片的基础之上。

（文｜王日天　傅永恒）

旺旺的小圈子

旺旺是卖家最常用的工具，也是卖家用来接触买家的第一工具，怎么用旺旺提高转化率，增加客户的黏性，一直是卖家在淘宝上的求生技能之一。在旺旺新添加了店铺群的功能之后，卖家就能够从店铺首页把客户直接引入自己的店铺群，从而更好地进行顾客的维护及开发。

如果说之前旺旺提供给买卖双方的是一种如银行柜台般的一对一服务的话，这次旺旺提供给卖家的则是能使卖家更具自主性的全新服务形式。利用群的方法，卖家可以将买家圈起来，卖家与买家之间的交流也从一对一形式转变成了多对多的形式。这可以令买卖双方有更多的交流机会，同时也令卖家有更多机会去接触买家，最终达成双方良性的互动。

搭建卖家自己的营销平台

对于卖家而言，旺旺推出的店铺群主要有三个功能：其一，店铺群是卖家的自主营销平台，也是卖家用来管理关系买家的产品；其二，卖家可以通过店铺群快速聚合店铺粉丝，传播促销信息及店铺动态，实现买卖互动、用户口碑传播等营销效果；其三，买家能通过店铺群及时、快速地获取店铺最新动态，实现买家之间的互动。

将有兴趣的买家引入群中，相当于把买家们圈了起来。而当普通的群升级为店铺群后，该群便可以自动展示店铺的促销信息，让被圈住的买家们自由地筛选折扣、优惠券、满就送、搭配减价等信息。此时的群也就变成了卖家个人的小市场。

既然店铺群有如此多的好处，那么卖家又该如何建立一个店铺群呢？首先，卖家需要在旺旺里建立一个自己的群，并设置好群的名字和定位。当群建好后，就可以将群升级为店铺群了。这需要卖家在自己旺旺的群名单上双击该群的名字进入该群，再在右则的信息栏中点击“升级为店铺群”的按钮。在成立群后，卖家可以为自己的店铺群设置一个生动而鲜明的头像。一个好的群头像就像公司的商标一样，可以为店铺吸引更多买家的注意，也可以增强买家入群的欲望。同时，填写群标签的时候要小心认真，这与填写宝贝类别类似，准确的标签可以精准地锁定宝贝真正的消费群体，让卖家的促销更加得心应手。

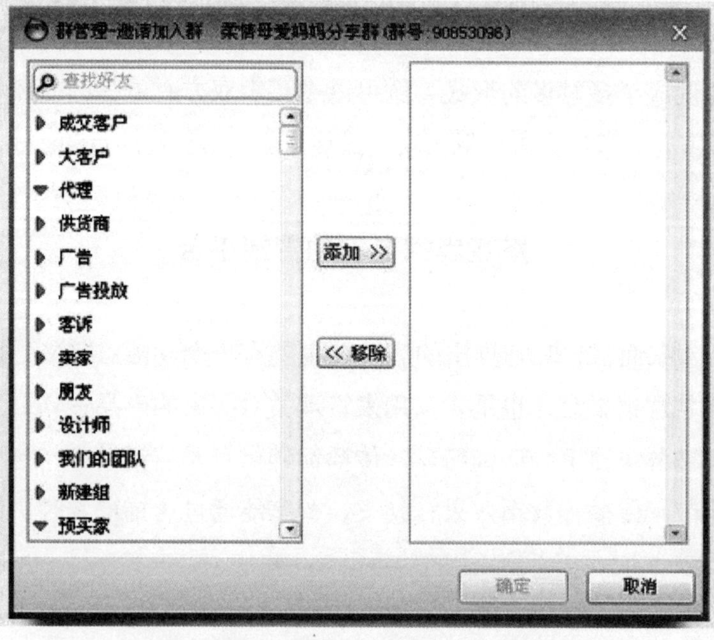

图 5－4　邀请客户加入旺旺店铺群

当建立了店铺群后，卖家当然得先把自己的老客户接进群里，这样一来方便管理老客户，二来也可以多一个再次宣传自己店铺的机会。在群的右侧可以找到邀请朋友加入的按键，点进入然后选择需要邀请的朋友即可。

同时，卖家可以像现在将自己的旺旺挂上店铺首页一样，将店铺群按钮放置在店铺主页、公告、客服区等位置，引导用户关注和加入店铺群。

快速传播店铺最新动态

建立店铺群并引入诸多买家之后，店铺掌柜面临的下一个严峻问题便是如何才能将这些已经加入店铺群的买家留下来。卖家管理群的能力当然是一个留下买家的显著要点，而店铺群自动抓取店铺动态的新功能更是把买家留下来的重要推手。此外，店铺群的该项功能，也可以大大降低卖家管理推广管道的成本。

卖家可以透过店铺群发布其最新的店铺动态：

1. 在店铺群中发放优惠券，让买家买得更实惠；

2. 群成员之间的相互交流，会使买家了解店铺搭配套餐的真实情况，以此加强买家的购买欲；

3. 店铺的限时秒杀活动，会在店铺群活动栏的第一位置给予展现；

4. 买家进入店铺群之后，可以清晰明了地看到店铺正在举行的满就送活动。

此外，也可以利用店铺群右侧的信息栏，对店铺群的流量进行引导。例如，店铺群中的店铺活动页面有一个方便群友进入店铺的按钮，可以将那些对宝贝感兴趣的群成员直接引导进卖家的淘宝店中。又比如，卖家可以在店铺公告页面添加文字描述和帮派链接。

网店离不开流量，流量离不开强有力的广告支持，店铺群给了卖家投放广告的空间，也给了卖家和顾客更多交流的机会。买家会情不自禁到店里领取优惠券，这样他们就无形中成为了店铺的潜在客户；而限时秒杀、满就送等活动，又能极大地促进买家的购买欲，使这批潜在客户变成真正的买家甚至熟客。同时，基于旺旺作为一个 IM 软件(即时通信软件)的特性，卖家不仅得到了一个宝贝信息快速传播的机会，而且在推广计划施行前也多了一个可以先行试水的地方，以免优惠活动产生大漏洞。

店铺群的管理

在店铺群的试用过程中，有买家因旺旺反应时间过长而未能成功地进入。因此，作为一个专为电子商务而设的 IM 软件，旺旺还有不少需要改善的地方。

旺旺多了店铺群功能，加强了每一家店铺的 SNS 属性，令卖家们多了一个免费营销的工具；但多了店铺群的功能，也意味着店铺必须面临更多的挑战，掌柜必须解决更多问题。因为在店铺群诞生之后，原来对店铺不满的客户就找到了一个可以发泄的窗口。如果卖家处理不好这些意见，旺旺的店铺群功能就有可能给卖家带来巨大的伤害，甚至更甚于买家给宝贝打个差评所带来的影响。因此，店铺群的存在对卖家公关技巧及危机公关能力的要求尤其高。而另一方面，买家及游客不断进进出出也会影响群里的聊天质量，降低其他买家对店铺群的黏性。

（文 | 睿小子）

淘宝的 SNS 迷局

但凡说起淘宝的 SNS 化，圈内人总会意味深长地来一句："马云的 SNS 梦啊！"2012 年年底，阿里巴巴入股新浪微博的传闻闹得沸沸扬扬，淘宝的 SNS 梦亦被解读为这一事件最大的心理动机。

2011 年 2 月 25 日，马云在 2011 年度淘宝年会上重点强调"淘宝必须 SNS 化，我们本来就是一个最强大的 SNS"。此后，每一个使淘宝进一步实现 SNS 化的相关动作都被放在业内的聚光灯下仔细品评。然而在此后的两年中，虽然淘宝系社交化产品扎堆儿出现，令人眼花缭乱，但若论社会化电商，却花香四溢在淘外，淘宝的 SNS 更一度被冠以"迷局"的称号。

2011 年以前的淘宝，主打硬广、搜索广告等"流量入口"的传统广告模式，数百万商家的展示通道有限。对于日渐生态化的电商平台而言，这种砸钱获取流量（虽然成本远低于淘外）模式下的长尾效应优势面临收缩。无论是天猫曾经尝试的"千人千面"试验——根据不同消费者的消费记录，提供更为个性化的登录页面与商品推荐，还是 2012 年淘宝"双十二"让卖家主导营销推送个性化活动会场的举措，都是希望将权力和资源归还给卖家，使商家之间以及商家和消费者之间实现自发的互动。

必须说，在两年的摸索之后，经过 SNS 类产品的屡败屡战，阿里巴巴总算在方向上达成了新的共识：淘宝不可能生造出一个大而全的 SNS 产品，而应该把自己视作一个能够产生大量 UGC 内容(用户原创内容)的平台；阿里巴巴要做的是搭建买卖双方关系的沟通平台，为买卖双方的沟通交流提供工具。虽然淘宝 SNS 化的最终目标依旧是促成购买行为的发生，但淘宝 SNS 化本身就是淘宝对自身商业模式的一次重新塑造。

2012 年年末，随着“麦麦”和“后院”两大 SNS 产品相继推出，淘宝 SNS 的大幕被再次拉开。

麦麦：卖家请抱团儿

早在 2009 年，淘宝就开始布局 SNS 类产品。同年 4 月上线的淘江湖被寄予厚望，它被打造成一个“真实的好友交互平台”；随后，淘宝又在同年 6 月推出了淘帮派，希望能依托淘江湖应用再造一个社区。2011 年以来，陆续上线的产品有类似微博的掌柜说、导购社区哇哦、爱逛街、淘宝圈子以及顽兔社区，还包括后来的移动端社交应用湖畔、来往等，名目众多，继往开来。屡战屡败之后，淘宝总算实践出一个真理：移植自非电商的 SNS 基因——包括淘江湖——很难在淘宝内部存活下来，反而是淘江湖里的一个小应用淘金币，却能长成参天大树，因为它离交易足够近。

于是，阿里巴巴不得不转换方向：既然生造一个单纯基于熟人关系的社区行不通，那么为什么不做自己擅长的事呢？比如，做一个基于交易、参与交易、促进交易的互动平台。麦麦的运营负责人风铃也给出了相同的看法：如果要做关系平台，淘宝擅长的其实不是单纯的社交网络 SNS，而是基于商业关系的社交化网络 BNS(商业性网络服务)。

从 2012 年 5 月开始，淘宝商家事业部开始深挖卖家成长的痛点，希望找到一种“批量帮助卖家共同成长”的方式。他们发现，现有的 TP 市场(淘拍档，是淘宝的第三方合作伙伴)、供销平台、阿里金融、培训、线下俱乐部等各种帮商家成长的方式只能从一个点实现一部分的帮扶，而如果借助一种网状关系结构，让商家帮商家，则可以将上述各种帮扶串起来，实现信息和资源的共享，让卖家批量成长。

方向确定后，就该思考如何落地的问题了。对此，BNS 团队探索了各种方式，甚至一度想过做一个类似知乎的知识问答网络，后因其缺少对商家的核心驱动力而放弃。

经过调研发现，商家联合在一起做事情的意愿很强烈。以家居类目为例，在家居一站式服务中，在 A 家买窗帘，在 B 家买地板……品类的互补和协同变得很有必要。且有不少商家已经自发进行了很多尝试，比如联合营销，几个商家一起购买流量、进行跨店换购活动、互发优惠券、分享摄影服务。又比如，在产业链上下游进行各环节的配合，一起进货以降低成本、共享最后 100 米配送资源等。然而限于商家人脉，商家之间的协作始终很难执行，而淘宝恰有资源帮助其拓展，商家间的商业互动关系或可在淘宝的支持下成功搭建。

基于这项考虑，麦麦的方向最终敲定：搭建可信任的电商关系网，实现各种商业协作。说得通俗一点，麦麦就是一个商家协作平台，平台上的商家可实现自主联合营销。具体而言：商家可在麦麦上发起联合营销，并根据自己的要求(如类目、销售额等)筛选出参与联合营销的卖家伙伴，与伙伴一起在线筹备、提报商品、选择活动模版、设置跨店满减优惠，完成联合推广(如卖家自主申请淘宝钻展、首焦等资源)。达成合作的双方需要在线签订协议。最终，针对活动结果，平台会给予卖家数据反馈，解决卖家抱团营销的刚需。

在相当长的时间内，类目运营引导着卖家做活动，但现在更多是提供平台让卖家自己主导创意，自己决定怎么玩儿，麦麦所做的正是还权给卖家。麦麦的产品经理星子认为，这其实是在撬动淘宝一直以来以小二为主导的运营模式。经过长期积淀之后，麦麦甚至会逐步变革淘宝的经营方式。

TIPS

麦麦怎么玩?

1. 谁可以玩?

目前只有淘宝卖家可以入驻麦麦，他们可以在麦麦中扮演两种角色：一个是发起协作（权限正逐步开放，截至2013年3月已有1.7万个种子卖家)，一个是参与协作(只要有卖家ID即可)。

2. 怎么样快速加入麦麦?

前期为了培养氛围，麦麦通过邀约制筛选了一批种子卖家。这些卖家的特点是：一部分流量来自淘宝站内，同时也可以自动引一些站外流量，相对而言成交比较活跃。简而言之，他们有做SNS的交易基础和特性。

麦麦正在逐步降低卖家的加入门槛。现在主要由淘宝网、天猫各个类目输送一些合适的商家进去。

当然，通过联合营销来聚集商家并不是麦麦的全部。在不久的将来，麦麦想要进一步变身成为全产业链的电商协作平台。它希望透过数据，整理出一套逻辑，告诉某两个或某几个商家：其实，你们可以在一起。

“比如同在一个商盟，一起参加过某个培训，或者运营层面的优势互补，地域性的天然便利……把这些关系挖出来之后，给有可能合作的商家提示：其实你们有合作的基础。”星子认为，麦麦接下来的重点就是挖掘出商家之间的某个协作场景，把之前的弱关系变成一种强关系。前期进行简单的营销层面的合作，后期逐步挖掘出客服、运营、供应链等各个职能角色。谁擅长做活动策划，谁擅长引流，谁擅长资源整合，谁来负责供应链的上游，谁又来负责下游，让角色和角色之间发生关联，谁都可以作为协作平台的发起方和参与方。

麦麦团队背靠淘宝整个商家事业部，有大淘宝的底层营销平台和统一数据平台支撑。“我们甚至希望，以后的新铺、旺铺里可以有跨店交易的入口。”除了旺铺，麦麦入口还可能出现在卖家中心等商家常去的工作场景。也许，只有当卖家在经营的过程中只要产生了协同合作的诉求都习惯性地找麦麦时，才能最终激活商业协作的活力。

后院：圈牢忠实买家

淘宝网是个交易平台，并不容易形成买家对店铺的黏性，一般情况下，交易结束就意味着双方关系的终止。但如果买卖双方基于一定的联系而形成“关系”并最终沉淀下来，一来可以提高买家的用户体验，二来也利于卖家开展互动营销。

反观现在的淘宝网，在买家购物的整个过程中，买家和卖家产生关系的主要通道仅仅局限于旺旺。此外，虽说淘宝帮派在淘宝 SNS 探索中意义重大、作用匪浅，但买家寻得帮派入口的时间成本过高，加之帮派大多已沦为商家促销的公告板，上边填满了各种垃圾广告信息，导致买家用户体验很差，根本不愿多待在论坛和掌柜互动，卖家也随之失去了沉淀长期客户的平台。

因此，2012 年 12 月适时出现的“后院”，让买家在购得所需商品之余有更多的声音可以被商家听到，同时也帮助卖家圈牢忠实用户，便于促成买家的二次购买。

被定位为卖家沉淀用户关系平台的后院，将和在 2012 年增加了新功能的淘宝旺铺，共同致力于促进卖家和买家在淘宝网上本就缺乏的互动。卖家可以在后院上发起活动和杂志小报（不建议发表店铺打折信息，建议发布卖家所营品类的干货呈现)以接近买家，而买家则可以通过响应卖家发起的活动来获得诸如淘金币、店铺优惠券、礼品和买家经验值等奖励。例如，一个经营化妆品的掌柜通过后院与买家分享护肤秘籍、换季皮肤小贴士等，买家就能通过掌柜的分享获得化妆品的使用常识，如此一来二往，买家便产生对店铺的黏度和忠实度。此外，通过微博和豆瓣而引入的新用户，也会成为商家的潜在客户。说通俗些，就是建立商家自身品牌的豆瓣小站或是蘑菇街。

虽说淘宝网早先的SNS尝试是为了让1亿多淘宝买家玩得舒服，但一味强调增加新功能，非但不能提高用户满意度，还沉淀不了忠实用户。归根究底，想要淘宝卖家赖上平台，淘宝网就必须了解买家除了购物的需求之外还想获得哪方面的服务。淘宝网需要更好地沟通卖家和买家。

因此，究竟如何让买家喜欢上后院，后院真的想好了吗?

从需求调研中发现，无论淘宝网怎么去尝试SNS，淘宝网中的买家最关注的还是以下两点：第一，买家不希望被铺天盖地的促销信息骚扰；第二，买家希望获得实实在在的帮助和互动，比如干货分享，这样更利于和商家发生“关系”。

为此，后院对买家留言权限做了限制，只有购买过商家货品的买家才有权限发表留言和分享心得。至于一般买家，仍可通过后院首页与商家互动，比如点击 “喜欢”、“分享”或“转发”，关注实时店铺动态。此外，创造活动和制定玩法的权力在商家手上，商家可以通过发表原创文章的形式来吸引买家的留言和关注，从而达到快速积累粉丝的目的。

在淘宝网的后流量时代，商家进行再多新尝试也不为过。在买家需求朝着多元化发展、小而美卖家备受追捧、平台流量呈现碎片化分布的大环境下，谁能在碎片化流量的营销中杀出一条路，就有可能在本轮市场中成为个中翘楚。至于用户圈子的沉淀成功与否，就要看商家的内功了。

后院的秘密

1. 谁的后院?

目前只有卖家可以入驻后院,并仅限于已经使用旺铺 2012 版本的卖家;同时,入驻后院的卖家必须喜欢分享故事,喜欢和买家唠嗑、交朋友,希望能了解买家。

2. 怎么样快速加入后院?

截至 2013 年 3 月,已筛选出 500 家商家开通后院。这些商家主要集中在和女性相关的类目,如服饰鞋包、母婴、美容护肤等。商家可以通过晒照片、投票、发店铺小报等方式,快速集聚粉丝。

弱关系的质变

淘宝网为什么一定要实现 SNS 化?透过马云助理李俊凌的只言片语即可理解淘宝 SNS 探索的初衷:"淘宝最早是一个 Marketplace(市场、集市),其最核心的导购入口是类目。经过四五年努力,搜索已成为淘宝另一个非常重要的导购入口。但是,如果淘宝想要在未来三四年间完成大部分商品跟浏览的互动,就很可能需要通过 SNS 机制去完成。因此,或许淘宝未来总流量将呈现如下格局:1/3 的流量来源于类目,1/3 的流量来源于搜索,1/3 的流量来源于 SNS 社区化的互动。"

就具体业务而言,淘宝网将实现卖家之间的互动(麦麦),卖家和买家之间的互动(后院),买家和买家之间的互动(主要是淘江湖)。目前,阿里巴巴的内部调整正试图将推进这种互动关系的主体由小二转换为卖家,通过激发卖家自身旺盛的生命力，来改善客户黏性。换言之，之前的购物关系一直被诟病为一种弱关系，而淘宝网迫切地希望改善这种弱关系，增加用户黏性。

但阿里巴巴的目标从来不曾改变，阿里巴巴一直试图通过建立互动机制，给卖家和买家提供最好的工具和平台，最终促使完成购买行为。终极目的，还是希望通过社交网络，让具备不同特色的卖家找到跟买家互动的渠道，增强店铺的用户黏性。帮助实现交易虽然不是情感式社区的强项，但无疑最能达成交易平台用户的心理诉求。

（文｜吴慧敏　王少灵）

新浪微博里淘流量

在流量越来越金贵并且碎片化的今天，中小卖家必须学会从多种渠道抓住流量，为店铺积攒人气。而拥有超过 5 亿注册用户的新浪微博，自然是一个不可错过的流量来源。要想抓住这一渠道，运营好店铺官方微博，卖家需要从基础工作做起，聚好粉丝，做好推广，狠抓流量。

正式的微博运营工作可以简单地被分为微博建设、微博运营两个阶段。

第一阶段：微博建设

一个好的店铺微博从取名到设计都是很讲究的。以下我们将从子微博分布、微博名称、微博认证、微博标签、常用微博工具、寻找合适的微博专员等方面，讲述究竟如何才能建设一个优秀的店铺微博。

一般而言，卖家需要建立一个微博群组，该群组中的不同微博会按照功能和定位的不同选取不同的名称，继而渗透不同的粉丝领域，整个群组在内容和信息方面相互弥补，在传播的时候相互照应，从而形成共鸣。对于淘宝卖家而言，最有效的微博组合方式便是蒲公英式和双子星式。蒲公英式是依照市场、地理、产品、人群的不同而设置若干个微博子账号，让这些子账号各自承担着相应的传播任务；而双子星式则更适合卖家，只需要官方微博和企业影响力最大的人(一般是总裁或者创始人)的个人微博相呼应形成配合即可。

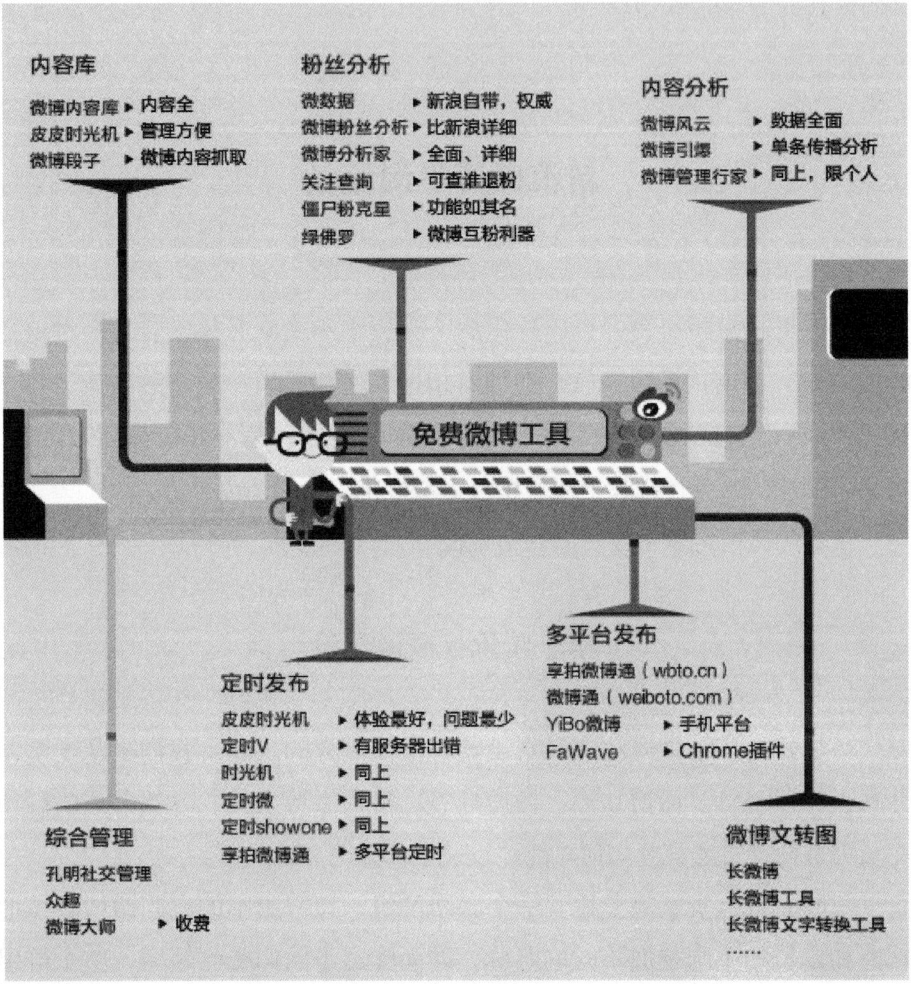

图 5-5　免费微博工具

微博注册需要注意三点：其一，为微博取名字的时候，品牌名一定要放在前面，且汉字部分放在前面，之后才是类目或者英文名，而子账号的昵称则要尽量做到个性化；其二，争取获得企业认证或个人认证，如果不能获得认证，那么至少要成为新浪微博 VIP，这些标识可以大大提高微博的权威性，从而更好地装点微博门面；其三，选择标签的时候要尽量联系自己的品牌定位，让标签能和目标客户群、粉丝群的特点相吻合。至于微博页面，大家可以根据自己店铺的定位进行相应的美化。

另外，熟悉微博常用工具也是做好微博运营的重要准备工作之一。常用的微博工具有自带的，也有需要购买的，主要包括内容库（如微博内容库、皮皮时光机、微博段子等）、粉丝分析（如微数据、微博粉丝分析、微博分析家、关注查询等）、内容分析（如微博风云、微博引爆点等）、综合管理、定时发布、多平台发布、微博文转图等。这些工具既能提供内容，择取内容发布，也可以进行数据分析。将这些工具结合起来使用，不仅可对微博进行粉丝和内容的管理，亦可分析得出粉丝质量、互动情况、微博传播范围等日常运营数据，是微博运营的必备“武器”。

想要运营好一个官方微博，微博专员至少要有策划能力、写作能力、图片编辑能力、沟通能力以及推广能力，他的工作内容主要包括以下几点：1. 找素材，素材包括文字、图片、视频、声音，找的素材要与微博定位、店铺定位、品牌定位相吻合；2. 写微博，即挑选合适的素材，并将其组织成优质内容，发布微博；3. 发微博时，微博专员必须选择合适的账号和合适的时间；4. 推广，可选择私信名人、草根大号的方式，也可以在网站发帖，或在相关性强的 QQ 群内进行推广；5. 对于潜在的顾客，应该积极评论他们的微博，并培养他们对店铺微博乃至对店铺的信任感；6. 与粉丝互动沟通，比如接受粉丝的咨询，并解答疑问；7. 策划微博活动，并让活动微博得到最大限度地转发，引导粉丝晒照片、讲心得。

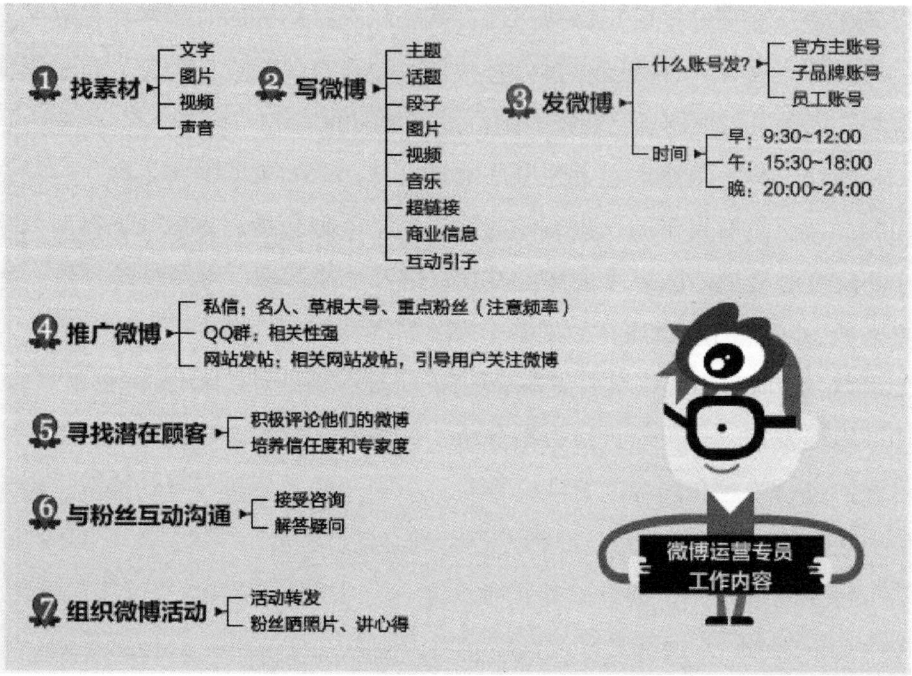

图5-6　微博专员工作内容一览

第二阶段：微博运营

在微博的初步建设工作完成之后，接下来就是如何运营了。

在微博的运营中，微博内容是最重要的。正是微博内容决定了微博价值，从而间接地展现了品牌形象。

微博内容首先要有营养，即对受众有价值。如果卖家做的是化妆品，那么它需要在一些美容技巧、化妆品运用、天气季节适应性，甚至在服装搭配方面都能给予粉丝群体一些指导性的意见。发布有营养的微博，可以从传递产品知识、品牌文化以及晒品牌大型活动三方面入手。例如，阿芙精油的微博常常会发布说明产品功效的“精油贴士”，并同时给粉丝进行使用指导；“双十一”期间，茵曼在其官方微博同步直播工作情况，晒仓库包裹、客服部工作繁忙等情况，也获得了不少关注。

另外，在填充微博内容的时候，也可以加入一些通用性的内容，例如笑话、美图、美文等，这样能使微博显得更加丰满。通用内容的选择上要遵循四个原则：一是对胃口，例如 18～25 岁的女性会喜欢与星座相关的内容；二是有营养，即发布对粉丝群体有切实帮助的微博，如生活常识；三是够创意，微博的内容要出乎人们意料，例如加多宝的广告；四是必须控制在一定的比例之内，须知微博运营依旧是以宣传品牌与产品为主要目的。

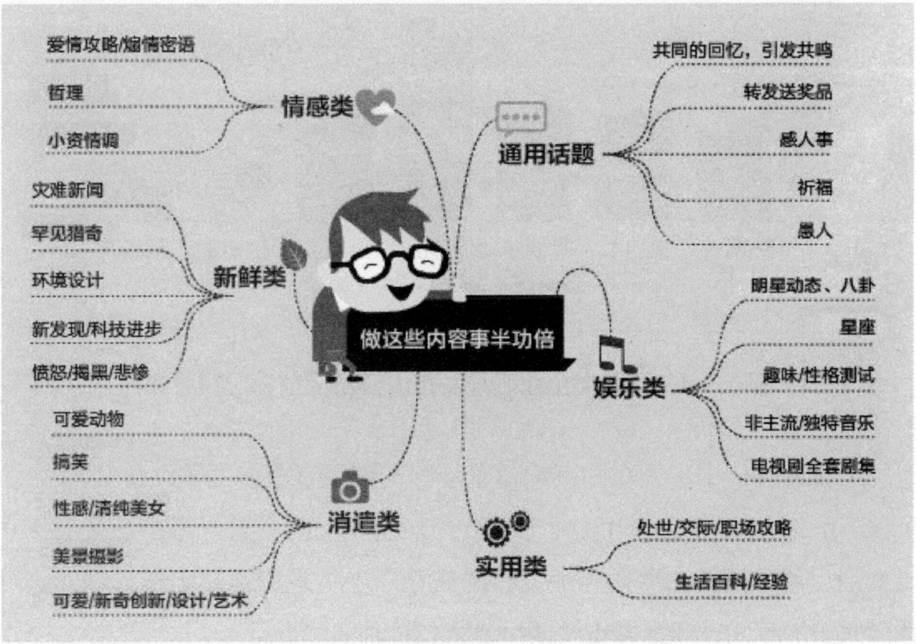

图 5-7　合理的微博内容

做好微博的日常维护和运作，除了发布良好的内容外，还需要做很多微博互动。这就需要微博专员做好实时响应，如果有粉丝评论或转发都要及时跟进，使粉丝逐步获得认同感。只有这样，才能培养出一个活跃的微博粉丝群体。此外，主动地 @ 粉丝，尤其是关键粉丝，这也是至关重要的，这样可以引起粉丝的注意，从而使粉丝加入到微博讨论的话题中来。

此外，把控合理的微博发布时间点亦同样重要。

从图 5-10 可知，用户在周一到周三期间不够活跃，因此建议企业在周四进行更多的营销活动。用户在周四对网购类微博的互动热情尤为高涨，可能是受到即将到来的周末的刺激。

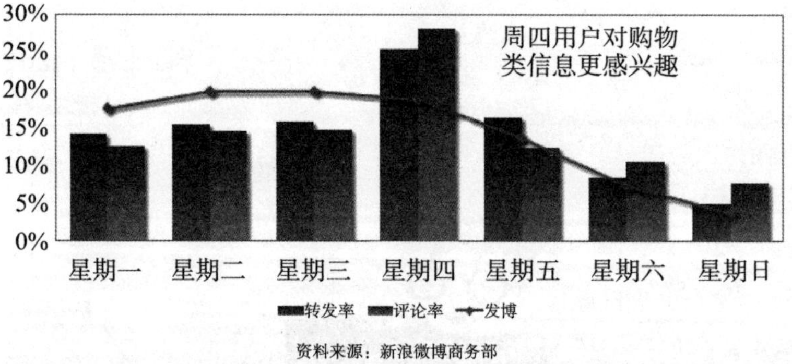

图 5-8　网购类企业账号发布内容及反馈情况日分布

工作日时，中午发布的网购信息能够得到买家更多的关注。从图 5-11 可知，上午 10～11 点，用户忙于工作无暇留意网购信息；而在下午 13～15 点期间，用户更关心网购企业发布的信息。中午是用户在工作日期间进行休闲娱乐的时间，店铺发布微博也要紧扣该时间段进行。

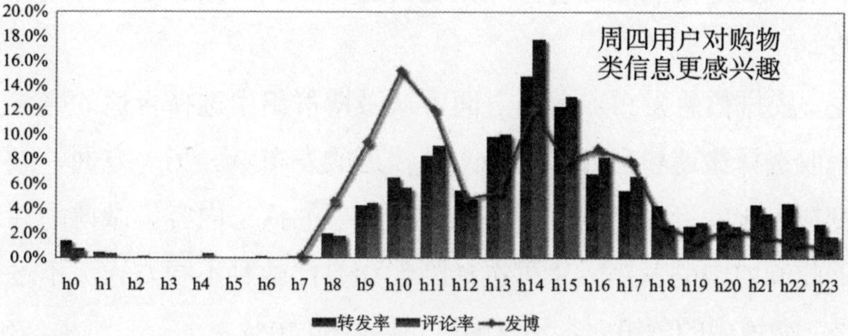

资料来源：新浪微博商务部

图 5-9　网购企业微博发布内容及反馈情况时间分布(工作日)

周末中午和夜间的微博运营潜力均有待开发。从图 5-12 可知，周末时，午间的互动高峰提前到 12～13 点；凌晨 12 点，买家的网购热情被再次点燃，其反馈量也与午间相当。因此，企业应把握这两个时段。但在这两个高峰期间，大多企业微博帐号都很少发布内容，因此这两个时段的微博运营潜力有待开发。

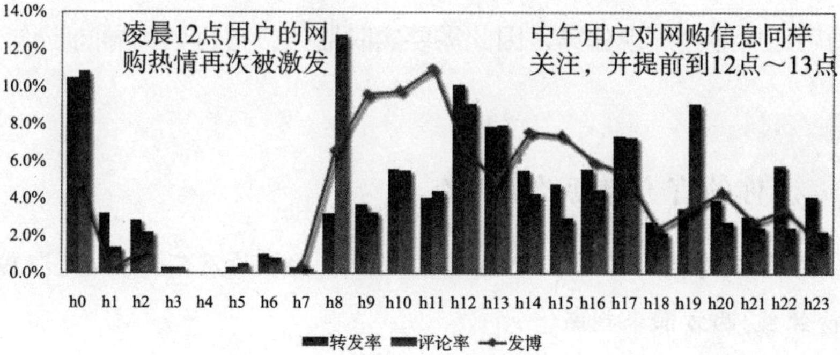

资料来源：新浪微博商务部

图 5-10　网购企业微博发布内容及反馈情况时间分布(周末)

接下来，就是我们微博运营操作的关键5步：布点、连线、成面、引爆、监控。

首先，安排信息发布点。一方面可从微博群组中选择合适的账号发布微博，一般选择微博粉丝群和目标人群接近的发布点。另一方面，微博可采用高度拟人化的形式，表达具有高度代入感的信息内容。微博的性质是营销，因此微博中的营销元素可选择隐形和显性两种不同方式。不过值得注意的是，微博中的营销内容不宜超过总内容的10%。

其次，应在群组中的不同微博间相互呼应，扩大影响。信息发布后，一众微博将在适当的时间内相互转发、评论，吸引粉丝团加入讨论，加大影响力。

复次，煽动粉丝形成舆论覆盖面。煽动粉丝最有效的方式就要数微博活动了。一般而言，转发有礼、评论有礼是最好的手段。

再次，最大化营销影响力。社会化营销的关键在于大量信息相互交叠，形成热点，进而增大影响力。这个时候，可以考虑和一些微博草根大号及达人号进行合作，共同引爆微博影响力。

最后，注重微博的监控与导向。由于参与者人数众多，因此微博在营销活动后期可能会出现偏离，因此需要实时监控，进行舆论导向工作。

TIPS

你的官方微博给力吗?

官方微博是否给力，一般可以从转发、评论及二级粉丝(即粉丝的粉丝数)两方面来判断。

第一步先判断粉丝质量。一般粉丝数在0～150以内的都等同于僵尸粉，拥有150～1000个粉丝则是比较活跃的微博控，粉丝数在1000～10000之间的是一些具有影响力的人，大于10000的则算是微博名人了。僵尸粉数量太多会影响微博的影响力。另外，除了粉丝数量，还要看官方微博与粉丝微博的内容是否具有吸引力，常发吸引力大的内容，微博就会凭借自身的活跃度吸引更多的粉丝。综上所述，一定要合理判断粉丝，千万别被表面的粉丝数欺骗了。

第二步应评估微博影响力，也就是转发及评论数。数量的多少则根据微博内容的不同而有所变化。结合上文提到的二级粉丝，我们可以知道，如果有 10 条来自 500 个二级粉的转发，相当于你的微博被 5000 人浏览过。换算一下，淘宝商品要获得 5000 的 UV 需要付出多大的努力？因此，微博的影响力是很关键的。

（文 | 方开米）

微信朋友圈电商实操指南

以 Nancy 美睫的老板娘 Nancy 为例(个人微信号：Nancy163163)，依据美瞳业的发展和她个人的经验来看，只要配备两个人，便可维护 200 个微信朋友圈客户，获得 80~100 万元的月流水金额。这使我们不得不相信，微信朋友圈的商业价值已经逐步彰显，而此文便是对笔者个人和 Nancy 美睫微信朋友圈营销经验的总结。

靠谱的朋友圈

首先，我们来分析一下微博、淘宝和微信朋友圈的几个不同点，来看为什么微信朋友圈更适合做 SNS 营销。

1. 最大区别：微博可以转发，而微信朋友圈没有转发功能。这带来的好处就是，朋友圈没有大量的冗余信息，基本全部是原创信息。

2. 单向沟通：大家可以看到微博上所有人的评论、转发信息，而在微信朋友圈里却看不到别人的留言，大家都是单向沟通。这种不透明的沟通体系为卖家带来了利润空间。

3. 无缝切换单聊：微信是专业的综合 IM 工具，比点击网页激活旺旺和登陆微博发私信都方便。现在淘宝做网页版旺旺，实际上也从侧面证明了旺旺只是功能性 IM 且注定无法成为综合 IM 工具的事实。

4. 最大优势：微信朋友圈人店合一，可以积累客户，这是淘内及其他

SNS 工具无法做到的。

5. 微信不是电商工具，完全基于感情消费。

微信公众平台虽然被寄予厚望，但它存在发送限制，而且容易打扰用户，因此很难实现自身的商业价值。但朋友圈分享却不会打扰用户，用户可以不必被动浏览，进而主动了解店铺及商品信息。与此同时，微信朋友圈记录了店主的生活，店主和买家之间更容易产生人性化交流，更容易对彼此产生信任感。

朋友圈实操指南

如何拓展客户，是令诸多卖家头痛的一个问题，但这个问题其实并不复杂。

Nancy 也是碰巧发现微信朋友圈的商机的。Nancy 观察到，在培训和拜访客户时，大家都会加彼此微信，这样就在无意之间积累了很多客户。后来，Nancy 又发现，即使是一些很无意的分享，也会有人通过微信来询问。于是，Nancy 开始专心在微信朋友圈做分享，后来业务越来越好，超乎自己的想象，于是便自己成立了公司。

Nancy 说，因为之前跟客户沟通的时间成本很高，一天也沟通不了几个客户；可在朋友圈发信息，能让所有人都能看到，而且拍照发朋友圈的成本很低，甚至都不需要修图，所以就误打误撞地做了起来。

开淘宝店的朋友可以用微信把自己的熟客管理起来，不要用公众平台，就用私人账号，然后用朋友圈进行直接沟通宣传与管理，最后引流到店铺，实现成交。

然而，经营微信朋友圈并非对所有卖家都有效，不少行业的卖家并不能通过微信朋友圈来获得店铺流量，提高店铺转化率。笔者认为，专业化程度比较高，市场相对小众，无大量同类产品与之竞争和渠道个性化的高毛利产品更适合通过微信朋友圈来做营销。考虑到微信操作人的个人特点，最好其中还有培训服务的部分，如此便可加强交易中的人性化要素，从而建立壁垒。

Nancy 美睫是一间美容店铺，店铺的每样产品都是个人品牌定制，包含了掌柜 Nancy 在美睫行业十年的个人经验和技法，这样就保证了产品的独家性，也使得 Nancy 由此逐步建立了自己店铺的护城河。当然，Nancy 的经验也可以引申到美甲、美容等领域。这里的客户同样包括 B(经销商)和 C(买家)两者，而经销商带来了绝大多数的销售额。

功能性消费产品也是一个比较被看好的领域，比如经营无添加天然猪肉的店铺，也同样可以使用这种方法。只要维持几百个客户，年销售量便可以过几万斤（人均 75 斤），获得几十万元毛利。同时，其品牌建立后，还会有很多人让其代养粮食猪，这便使其他经营的传统养猪生意逐渐形成轻资产的类金融服务模式(猪都是别人出钱养的)。

同时，有产品研发优势的商家也可以用微信朋友圈来管理客户和发布新品，吸引客户来批发选购。但是，由于受到朋友圈有效用户规模的影响，客单价一定要尽可能高。

目前看来，朋友圈可以用来管理和沟通的用户数应该在 200～300 之间，用户数目到了 500 基本就无法实现很好的沟通和服务了。所以在选择行业之前，你应该清楚地考虑，在只有 200～300 个客户的情况下，店铺该采用怎样的盈利模式才能取得最大程度的盈利。

当然，虽然存在天花板，厂家一样可以让自己的多个业务员用这种方式来沟通管理自己的客户，形成一个朋友圈营销矩阵。需要注意的是，该微信账号应由企业提供，属于企业财产。至于企业版的公众账号，对比之下，这种 PC 端产品的价值就显得微乎其微了。

微信朋友圈的运营也要讲究一定的技法。

尽管朋友圈的信息不会直接推送对用户形成打扰，但我们同样不建议用刷屏的形式进行推广，商家每天发布的条数可以控制在 5～8 条。同时，可以在一天当中的不同时段发布，让买家在浏览微信朋友圈的时候，时不时看到你店铺的信息。发布的内容应当包括新品信息、优惠信息、针对客户的知识普及、针对经销商的新品促销等，还要包括两三条个人的生活状态，比如拜访客户的动态，这样就可以增强买家和经销商对店铺以及产品的信心。

一点个人的小建议则是，放一些自己小资生活的照片，以及用户使用后的照片，以达到建立个人形象和影响用户的目的，因为大家一般会相信生活方式比较优雅的人。

如果非要发布很多产品信息，那就一定要选择半夜这个时间段。这样不会影响到你的客户，同时也会将信息留存在你的主页上。即使当你发布的信息被别的信息淹没时，你的客户依旧能在你的主页看到完整的产品信息。

虽然朋友圈信息无法被转发，但是依旧可以被复制分享。引导用户分享产品并给予用户一定优惠，便是很好的传播方法，比如你转发了我的优惠信息，我就可以给你一个八折。因为分享信息是不出现在主页里面的，不会影响用户主页的整洁程度，所以很多用户都乐意分享。在这里，很多微博营销的方式也都可以用得上。

比如，你可以 @ 你的强目标客户。这虽然算是强推的一种，但却不会让人讨厌，因为大家都喜欢看看谁又圈我了。

同时，还可以发动粉丝为自己介绍客户，并给予粉丝一定比例的提成。也可以复制淘宝客的模式，这种复制非常简单，而且是强关系的淘客推荐，效果依旧非常好，而且不会引起用户的反感。

至于客户维护就不必多说了，建立情感关系，也是营销成功的基础。没事给客户问好，进行纯个人性质的交流沟通，都有利于维系客户。每天沟通 10 个人，一个月也可以问候 300 个用户。

同样的方式可不可以用来打造微信圈联盟呢？比如注册一批微信账号，找一些学生运营，1 个账号覆盖 200～300 人，100 个也可以覆盖几万人，几万人的分享又可以影响几十万人……这其实为品牌、店铺和产品的营销推广创造了极大的价值。同时，运营成本也并不高。因此，微信朋友圈是一个被忽视的、还没有形成规模的金矿，值得每个人去挖掘。

（文 | 万能的大熊）

SNS 营销卖出 300 万的背后

常听到有卖家抱怨，微博、微信这些 SNS 营销虽然会带来些流量和人气，但其中真正下单的买家少之又少。然而，九阳面条机 N6 聚定制活动之所以取得巨大成功，却正是有赖于 SNS 营销的帮助。SNS 营销为九阳面条机带来了大量销售，这些销售直接构成了这次聚定制活动 50%以上的订单。

在该次活动中，微博推广直接覆盖了 1085 万用户，微博转发量超过 10 万次，共卖出九阳面条机 8727 台，销售额超过 610 万，这次活动遂成为迄今为止厨房电器聚划算历史上最成功的一次活动。

主战场：整合营销 SNS 发力

成功的活动需要聚集超高的人气，而直通车和钻展是聚集人气较为直接和见效较快的手段。因此，九阳卓嘉专卖店也不例外地在直通车和钻展上进行了大量投放。然而，投放效果却不尽如人意：某竞争品牌在面条机相关词上提高了价格，导致直通车点击成本直线上升；而钻展虽然为店铺带来大量流量，但其中的优质流量却并不多，转化率偏低。因此，九阳卓嘉专卖店虽然在钻展和直通车上砸了不少时间和精力，但从数据来看，最终成交的订单数不超过 300。

引入流量数排在前三位的方式分别是聚划算、钻展和直接访问。因此，在尝试钻展和直通车的同时，任何店铺都不会放过直接访问这块肥肉。直接访问流量的主要来源是微博营销和网页收藏，其中微博营销带来的流量预计占直接访问流量的90%以上。SNS营销能够带来巨大流量，而站外定向优惠的方式又促进了SNS推广的成功，激发了微博用户的抢购欲，提升了转化率。

具体而言，九阳卓嘉专卖店是通过以下几种SNS方式撒开传播网，捞重点买家的。

首先是直接传播。在微博上进行有奖关注转发活动，微博推广直接覆盖1085万用户，直接转发12590次，评论1895条。其中，九阳新浪微博发起#4.23～25九阳面条机全球首发#活动，活动说明只要在2013年4月17日至4月22日九阳面条机首发预热期间关注、@九阳微博，并转发评论"我家乡的面是××"，即有机会获得最热销的智能料理机JYL-D022，还链接上了首发地址。这条微博被转发4331次，获得评论4098条。

其次，展开带动传播。在微博开展"宝贝吃起来"的面条机试用活动。该活动后，试用微博超过30条，用户晒单微博超过100条，新浪微博关于"九阳面条机"微博超过1000条，转发总量超过10万次，覆盖用户超过3000万。

最后是微博团购。店铺通过微博团购方式直接发出优惠券3949张，最终被使用的有1838张，转化率46.54%。

微博广撒网，但重点是要多捞鱼，站外定向优惠的方式保证了SNS转化率。另外，九阳卓嘉专卖店抓住老客户的购买力，推动EDM(电子邮件营销)及短信营销。本次活动发送老用户36万条短信，成交超过300单(不完全统计)，转化率为0.08%。向享受优惠的会员发送短信3147条，希望他们能推荐其他用户来购买，这些推荐来的用户也享受同等优惠。最终，此项营销带来147份订单，转化率为4.67%。

前方：全球首发关联设计

好的页面设计能吸引买家眼球，聚拢人气。为成功举办本次活动，九阳卓嘉专卖店准备了十几套设计素材，并最终选择了凸显科技感和全球首发概念的星球、外星生物的店铺首页设计方案。该方案融合了视频、GIF 动画等多种形式，强化了页面的互动性和买家的视觉感受，凸显了产品五彩面条、千次揉和、古法压面、三分钟出面四大特点。

九阳卓嘉专卖店将九阳面条机的买家群体定位为热爱厨房的主妇妈妈和追求新鲜生活的白领，因此详情页的设计主要突出妈妈的味道，体现妈妈唯美的做面过程。卓嘉专卖店以此为突破口，拉动全店产品的流量和转化率，具体包括：教授买家各地面条的做法；紧接着推出原汁机活动，关联相关产品；为活动蓄势，同步关联全店主推产品。

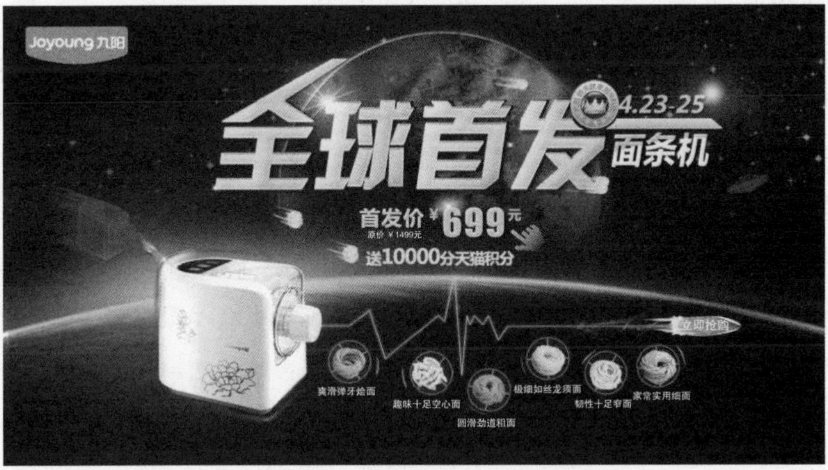

图 5－11　九阳卓嘉专卖店店铺首页

后方：客服售后拉动店铺动态评分

重赏之下必有勇夫。针对活动，九阳专卖店给客服设立了三个等级的激励奖金，客服平均咨询转化率大大超过平时。虽然咨询量提升，客服人均接待 859 人（是客服日常接待量的 3 倍），但客服的平均响应时间却只有 52.25 秒，回复率也达到高于平时正常水平的 99.7%。客服这样的工作效率充分体现出客服团队的成熟和专业。

客服设置了自动回复文案，全面介绍了面条机：1. 我智能——全自动 3 分钟出面；2. 我筋道——1000 次揉面配上古法压面才能如此爽滑 Q 弹；3. 我百变——我有 6 种模式，可以做各地特色面条；4. 我健康——搭配不同的果蔬鸡蛋液，可以打造不同的营养面条。如此不仅加快了旺旺回复速度，而且也让客户更了解产品。另外，客服还在活动开始的前半个小时设置了 30 元返现链接的自动回复，使买家买得实惠。正是这批买家，奠定了九阳面条机最初的销量基础。

聚划算活动高强度的发货压力，容易拉低店铺动态评分。而九阳卓嘉专卖店 60% 货物可以做到次日到达，这不仅大大提升了发货评分，还提高了用户回头率，增强了客户黏度。此外，还在发货途中同时发送了 5 条提醒收发货及传授产品使用方式的短信，包括面条机的制作过程、使用注意事项、订单物流情况等。这些关怀短信不仅提升了服务质量，而且降低了退换货损耗，这使得该宝贝在收到 2000 条评价之后，依然有高达 4.9 的描述评分。

表 5-2　九阳卓嘉专卖店活动前后店铺动态评分对照表

日期	4.23 活动前	5.2 活动后	变化
宝贝描述	4.8186	4.8208	↑0.0022
服务	4.8351	4.8391	↑0.0040
发货	4.8296	4.8339	↑0.0043
总计	14.4832	14.4937	↑0.0105

（文 | 陈晨）

第六章

缺乏客户管理的店铺迟早死

小心触雷！——细数 CRM 六大误区

在如今的电商圈里，CRM 可谓相当火热。但遗憾的是，很多人在关注 CRM 的同时，不小心进入了 CRM 误区。这些误区，或是由商家的主观认知所造成，或为那些渠道商、软件商感染所致。本文总结了电商在 CRM 过程中常犯的一些错误，希望能帮助更多卖家。

TIPS

什么是 CRM？

CRM 是一个前台系统，是一种以客户为中心的经营策略，它包括市场、销售和服务三大领域。具体来说，通过同客户的联系来了解客户的不同需求，并在此基础上进行“一对一”的个性化服务，以达到留住老客户、吸引新客户、提高客户利润贡献度的目的。

误区一：CRM 就是客户管理

无论在电商会场、培训班，还是网商聚会中，只要大家一谈起 CRM，就会有 70%甚至更多的人不约而同地想到客户的分类、维护及营销。但是，你确定这真的是 CRM 吗？

几乎每个人都知道，CRM 是英语 Customer Relationship Management 首

字母的缩写。但是，电商领域的客户关系管理究竟体现在哪些环节呢？具体有哪些接触点？看看下面这张图，我想卖家们就应该明白了。

图 6–1 展示了电商与客户间的各个接触点，这些接触点也就是商家和客户之间有联系的地方，也就是所谓的客户关系。从客户浏览网页时，你的页面设计、图片美化给客户的感觉，到客服的接待、商品的包装、物流发货、客户的开箱体验，乃至之后的维护，都是卖家与买家的接触点。而把在这些接触点发生的所有关系通过科学的手段管理起来，才能称之为CRM，CRM 其实是指接触点所有关系的管理。CRM 做得好与坏，就看卖家能把握几个点，能做好几个点。这样的 CRM 才是一个体系，是卖家和买家共存的生态环境，而现今卖家理解的 CRM 仅仅是其中的一部分而已。

当然，卖家进入这个误区不仅仅是由其自身造成的，太多的 TP 软件商和渠道商迷惑了卖家，使卖家对 CRM 产生了误解。甚至还有人大肆宣传，商家可以通过对客户的管理来让客户的回购率飙升。商家都是逐利的，所

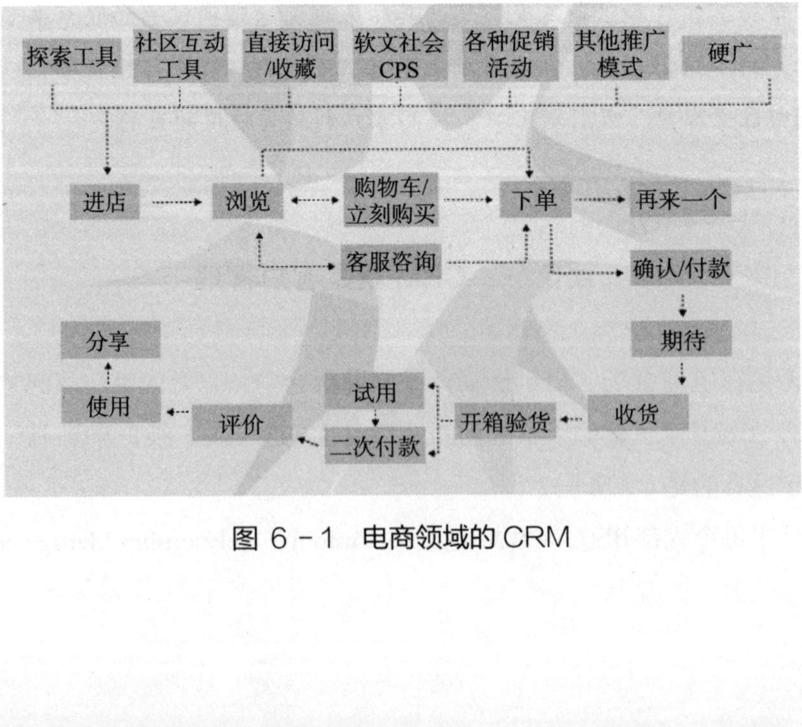

图 6 – 1 电商领域的 CRM

以他们只能看到客户分类和营销，只能听到二次购买率。他们看不透的是，这些都仅仅只是 CRM 的一个方面。

试问，一个不懂页面，不注重产品品质，不顾客户体验，对客服缺乏管理和培训的店铺，该如何管理自己的客户？如何提升客户的复购率？

误区二：过度迷信 CRM

有一位店主曾花费上万元购买 CRM 软件，并且自认为只要有这么一款软件，就能让店内的老客户活跃起来。有的时候一个很小的活动，也要发短信提醒老客户。显然，这位店主过度迷信 CRM 了，CRM 是科学维护客户关系的手段，而不是宗教信仰。CRM 的营销有没有效得看我们何时去做，对哪批人群去做，而不是简简单单的“做肯定比不做强”。只有在合适的时间给需要的人做匹配的营销，才能使营销变得有效，反之就是白搭。上海最贵的房子售价高达每平方米 16 万，即便房产公司天天给你打 5 折，按每平方米 8 万元成交价算，你会发现绝大部分人依然是买不起这样的房子的，大部分人也依然是不想买这套房子的。原因何在？营销对象与目标人群不匹配。

还有更夸张的。有个服装卖家，早先靠产品低价、品种多样化的方式活得很滋润，上海七浦路进一点货，加一点钱，上网随便卖卖。可这几年，这种做法就完全不行了，因为越来越多的人开始专注到品牌，专注到细分市场，专注到人群风格的细分定位。这批人一下子就冲上来了，而她的店铺就只能走下坡路，只能看着别人越做越好。但她没有潜心研究是否该给自己的店铺做更精准的定位，而把问题归结为老客的流失，客户黏性变差了，只想着激活老客户，想着靠 CRM 来补救。这其实是非常难的，虽然 CRM 能帮你分析你目前店铺的客户质量，乃至客户喜好、兴趣，但终究解决不了你的店铺定位的问题，解决不了决策层方向的问题。所以，请不要那么迷信 CRM。

误区三：CRM 以企业为中心

很多企业做 CRM 都是以企业为中心的，比如很多人会直接比较 CRM 营销的 ROI。CRM 的投入产出比虽然和直通车、钻展类似，也是由投入除以产出所得，但在意义层面，CRM 的 ROI 和其他推广方式的 ROI 有着很大的不同。CRM 的投入受制于渠道，而产出则基于客单价和销售额。因此在同样场景下，如果邮件的 ROI 是 1:100，那么短信的 ROI 只能是 1:20（因为短信的成本是 EDM 的 5 倍），完全没可比性。同样，我们很难保证两批人数相同的客户的销售额也完全一样。因此，直接比较 CRM 的 ROI 实际上毫无意义。

CRM 的本质应该是以客户为中心的，我们做 CRM 营销就更应该关注响应率和激活率。如果我给 1000 个人发了邮件或短信，那么我关心的应该是有多少人响应，而不是关心这些人给我带来多少钱，因为 CRM 是以客户为本的。

误区四：CRM 工作是封闭式独立运作

不少 CRM 专员都仅仅专注于分析数据和营销，他们几乎不做任何跨部门的沟通交流，而这正是店铺 CRM 的致命伤之一。CRM 专员是一座架在客户和公司之间的桥梁，因为他们不仅了解客户的需求，同时也知道公司和店铺能提供什么。所以一个合格的 CRM 专员必须做运营反馈的工作，否则这些数据就只能堆积在那里，而这些数据所反映的问题则依旧会一次一次地为店铺带来困扰。在这种情况下，CRM 根本没有起到反馈客户信息和提升客户体验的作用。因此，笔者认为，缺乏沟通的 CRM 团队一定存活不了。

误区五：缺乏统一规则

所谓缺乏统一规则，就是店铺没有制定 CRM 工作如何展开的完整计划。今天店铺生意不好，就想到要给老客户做一下营销；明天店铺做活动了，就想到要给老客户发一批优惠券。店铺的 CRM 运营完全没有计划性可言，杂乱无章。

想要做好客户管理，店铺就必须整理一张 CRM 日程表，记录好要做的事情，例如在什么时候做，以什么形式做，一个月做几次等事项。一旦设定好了日程表，就应该严格按照日程表执行。无论哪个团队，执行力永远是成功的关键要素，否则计划制订得再漂亮，到头来也只是一张空头支票。

误区六：照搬客户群

这个误区可能不是 CRM 运营中特有的，但在 CRM 中犯这个错误的人会“死得很难看”。

很多卖家出去听课和交流，都喜欢听干货，喜欢了解别人做得好的地方。这本身并没有错，但有不少卖家看到别人的成功案例，都会不假思索地直接照搬，完全不管这些经验是否适合自己的店铺。

然而，每家店铺的客户群体本身就不尽相同，如何能让张三家的人去适合李四家的口味呢？好的东西，大家可以模仿和借鉴，但切忌不假思索地照搬照抄。还是那句话，CRM 的核心是人，是客户。

（文 | 朵朵云卡卡）

CRM 玩法，你会了吗

所谓 CRM，从字面上看，是指企业管理与客户之间的关系。CRM 能帮助企业缩减销售周期、销售成本，增加收入，寻找扩展业务所需的新的市场和渠道，提升客户的满意度和忠实度。可以说，CRM 是一种商业策略。

你的 CRM 成功吗

想要做好店铺 CRM，就必须了解 CRM 能为企业带来些什么以及衡量 CRM 成功与否的标准。现如今，许多企业的 CRM 都仅仅专注于内部的成本节约和工作效率。这些企业大多使用单一的方案来解决 CRM 的问题，CRM 与其他各项企业活动并没有任何联系。例如，某店铺购买了一套自动设备，通过这套设备，该店铺缩短了与客户在电话中交流的时间，使人与人之间的互动更为方便。然而，缺乏情感的沟通与交流势必会减少客户对店铺的信任，这反而会影响最终的成交。由此可见，这种降低成本的方法会减少销售机会并降低客户满意度。而大多数成功的 CRM 项目的前提却恰恰是将客户视为企业发展中最重要的资产，将客户关系视为所有业务的推动力。

实施 CRM 的驱动力，是企业需要对客户数据有着最新、最准确和最全面的了解。借助一个单一的集中管理的客户数据库，企业能够挖掘更多与每个客户进行沟通的机会，形成对每一个人的个性化管理。而另一方面，集中管理的视图也可简化客户信息的管理。总之，创建单一的集中管理的客户数据库，将使企业各部门都获益。

那么，如何才能低成本并有效地开展 CRM 呢？

CRM 工具，你选对了吗

在营销活动的早期，建立客户信息管理系统，及时准确地掌握客户信息是科学营销的前提。卖家需要对客户信息进行适时的记载和调用，具体包括历史数据获取、当前数据存储、信息访问与管理等。卖家由此可以对顾客的各种信息保持高度敏感，全面捕捉客户对企业的感受、需求和心理预期。

目前的淘宝卖家中心，有很多种类的 CRM 管理工具，怎样选择一款适用的软件是一个令大多数卖家头痛的问题。对于中小卖家来说，不需要一款功能太多但操作复杂的管理工具，只要能满足目前的需求，就是一款适合的软件。请一定多试用、多比较，不要盲目听信别人的建议，也不要只追求最便宜的价格，关键是要满足店铺的营销需求和管理需求。当然，无论选择何种 CRM 工具，都要保证操作的简便性。

TIPS

不同类型的 CRM

1. 操作型 CRM

操作型 CRM 能让企业员工在销售、营销和服务支持的时候得以用最佳方法提高效率。简单来说，操作型 CRM 可以使你“快速并正确地做事”，也就是按照规章制度的要求和流程标准展开高效率的工作。

2. 分析型 CRM

分析型 CRM 从 ERP（集物流、人力、财务、信息管理于一体的企业资源管理系统）、SCM（供应链管理系统）等系统，以及操作型 CRM、协同型 CRM 等不同管道收集各种与客户相关的资料，再通过报表系统地分析计算出宏观规律，从而帮助企业全面地了解客户的分类、行为、满意度、需求和购买趋势等。分析型 CRM 就是“做正确的事、做该做的事”，即利用上述资料拟定正确的经营管理策略。

3. 协同型 CRM

协同型 CRM 整合企业内部沟通、企业与客户接触和互动的管道，包括呼叫中心、网站、电子邮件、即时通信工具等，其目标是提升企业内部、企业与客户之间的沟通效率，同时强化服务的时效与质量。

细分客户，做好了吗

在客户生命周期内，客户价值主要取决于客户的平均消费周期和客户每次消费的平均消费金额。对客户按照消费周期的长短和消费金额的大小进行归类，可以将客户分为铂金客户、白银客户、发展客户和调整客户 4 类。卖家也可以进一步根据这些分类来采取有针对性的管理对策。

铂金客户是必须重点锁定的优先客户，他们能为企业带来最多的收益。

白银客户具有以下三个特征：1. 企业提供的产品或服务较单一；2. 客户在两个消费周期内有在其他企业进行消费的记录；3. 该类客户消费休闲的时间较少，时间对他来说非常宝贵。

鉴于以上，企业应该对白银客户加强信息沟通，结合数据库中该类型

图6-2　客户分类图

客户的年龄、职业（暗示消费实力)特征，找出其消费行为的确切原因，展开有针对性的营销(如促销短信、邮件营销等)。同时，企业应主动提供产品或服务咨询等，缩短其消费周期。

小金额短周期和小金额中等周期的客户都是企业应促使其转变的发展型客户，可使其向白银客户转化。小金额客户对价格是非常敏感的。因此针对这部分客户，可利用数字盲点进行促销，比如采用折上折、满多少金额就可以包邮等活动，也可以送一些小赠品。

小金额长周期的客户是卖家必须进行调整的客户。这类客户喜欢在购物时进行各方比较。因此，是否有好的客户体验就成为关键。提高客户转化率可以从以下方面入手：1. 提高打字速度，快速作出反应；2. 丰富专业知识，降低客户怀疑；3. 美化店铺与宝贝详情，或者提出更具诱惑性的销售信息，减少客户的焦虑。

客户的离去，或许并非因为受到竞争对手的邀请，而是因为自己没有拿出应有的诚意。提升自身服务水平，提供更有竞争力的产品，采用更科学的客户数据挖掘技术，做好客户管理，才是小卖家成长为大卖家的必经之路。

TIPS

CRM 的重要性

1. 淘宝卖家发展一个新客户的成本是挽留一个老客户成本的 5 倍。

2. 老客户的忠诚度下降 5%，店铺的利润率将下降 25%。

3. 当我们向新买家推销商品时，使新买家购买该商品的成功率只有 15%，而向老客户推销的成功率为 50%。

4. 如果将每年的买家保持率增加 5%，利润将获得 25%～85%的增长率。

5. 在我们的店铺里，60%的新客户来自老客户的介绍或影响。

6. 企业 80%的利润来自于 20%的价值客户，这已是众所周知的实践真理。

（文 | 任俐）

做一次客户质量体检

如果要问淘宝卖家最大的盲点是什么，那便是对客户的不理解。从2009年到现在，在这批经历了多年经营和变革的卖家中，手握20万以上客户的并不在少数。然而洗牌过程仍在继续，线下品牌的“触网”和新品牌的“扰动”，让原本就不够用的推广资源变得更为珍贵。如何才能把手上的客户转化为自身的优势呢？如果还没有头绪，不妨先来做个客户质量诊断。

在店铺流量的分析中经常会用到转化率和跳失率两个概念，同样，在客户分析中也会用到两个相似的指标，即复购率和流失率。

图6－3　店铺客户分类

在诊断客户的过程中，需要对复购率进行分层分析。我们把已有N次购买行为的客户进行第N+1次购买的比例称为购买N次客户的复购率。例如，某店铺拥有20万会员，意味着购买过至少一次的客户有20万，其中有3万客户在店铺购买过至少两次，那么在该店铺购买过一次的客户的复购率就为15%。

1－复购率＝流失率。也就是说，在该店铺购买过一次的客户的流失率为85%。

表6－1　不同类目大卖家的复购率

大卖家数据	某女装	某化妆品	某男鞋	某男装	某生活电器	某母婴
购买1次复购率	26%	26%	19%	8%	5%	17%
购买2次复购率	45%	44%	34%	19%	15%	34%
购买3次复购率	57%	54%	43%	30%	25%	45%
购买4次复购率	64%	60%	49%	42%	34%	48%
购买5次复购率	68%	64%	53%	49%	49%	55%

在众多不同类目的案例中，女装和化妆品类目做得好的卖家，购买一次的客户的复购率可以达到30%，男鞋达到了20%，男装达到了15%，母婴类目客户购买一次客户的复购率为25%，3C和生活电器则为8%。

在这些案例的研究当中，我们发现了若干有价值的规律：1. 不同类目的复购率存在天然差异，并且受品类和产品线宽度的影响；2. 随着购买频次的增加，客户复购率逐渐提升，呈现对数式增长；3. 第二次购买对客户复购率的提升最显著，购买4次后复购率基本稳定。

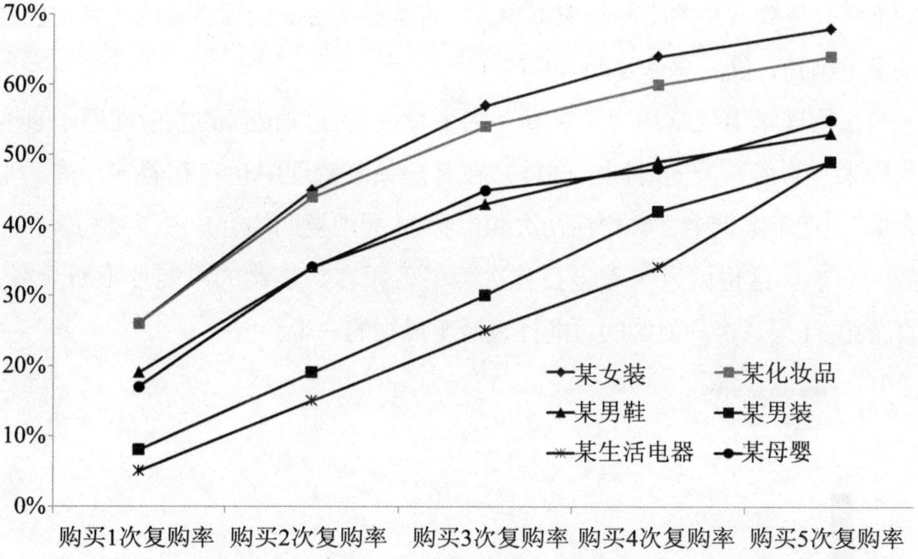

图 6－4　客户黏性随购买次数的增加呈对数式增长

客户活跃不超 30 天

通过对客户黏性进行分析，我们已经清楚地知道，有多少新客户会通过二次购买变成店铺的老客户，但这些客户到底在进行第一次购买活动后多久再回来进行第二次购买呢？对此，我们筛选出在店铺购买过两次的客户，计算他们进行两次购买活动的时间间隔(在数据清理的时候，当天多笔付款需合并为一笔付款)，并将计算出来的时间间隔按照时间维度排列，就可以得到“新客户二次购买时间间隔分布图”。

通过对某女装店铺客户前两次购买的时间间隔进行分析，我们发现在所有产生二次购买的客户中，有 20%的客户在首次购买后的 10 天内就进行了二次购买，在首次购买后的 10～20 天内复购的客户占 10%。而随着时间的推移，复购客户的比例越来越少。在首次购买 200 天后，复购的客户已经是凤毛麟角，仅占总体复购客户的 17%。

在物理学中经常用“半衰期”去衡量放射性同位素的放射性原子衰变为原来一半所需要的时间。同样，在客户关系管理中也存在着客户的“半衰期”。在本案例中，客户在初次购买后 34 天内复购的客户占了复购客户总数的一半。这也就意味着，在首次购买后，客户复购的可能性不断衰减，直至第 34 天，客户复购的可能性衰减至最初的一半。

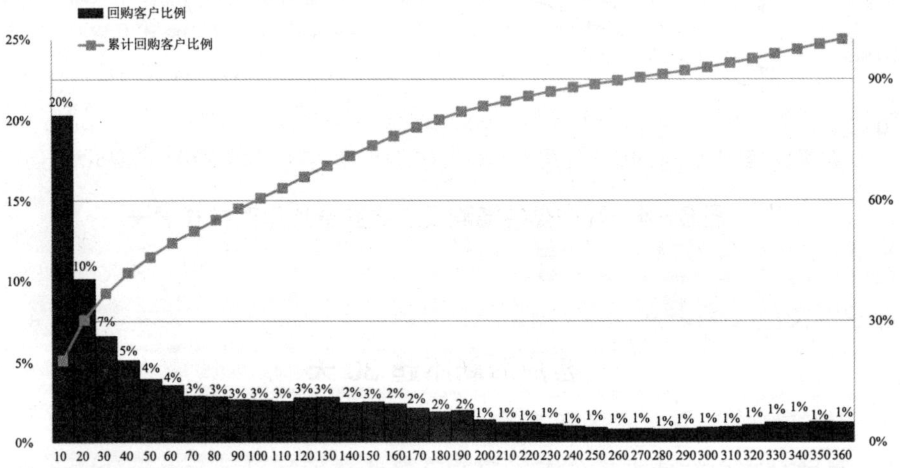

图 6-5　某女装新客户复购时间间隔分析

在对客户复购周期进行分析后，还可以根据复购客户的比例对客户的生命周期进行划分：30% 的客户会在首次购买后的 19 天内进行二次购买，因此可以把购后的 0～19 天定义为客户的活跃期；还有 30% 的客户会在首次购买后的 20～98 天内进行二次购买，可以把购后的 20～98 天定义为客户的沉默期；之后 30% 的客户会在首次购买后的 99～265 天内进行二次购买，可以把购后的 99～265 天定义为客户的睡眠期；购买 266 天以后仅产生 10% 的二次购买客户，这段时间可以被定义为客户的流失期。

表 6-2　不同类目的生命周期划分表

	活跃期	沉默期	睡眠期	流失期
某女装	0～19 天	20～98 天	99～265 天	266 天以后
某男装	0～13 天	14～82 天	83～302 天	302 天以后
某化妆品	0～24 天	25～77 天	78～245 天	245 天以后

在所接触到的案例中，几乎所有卖家的活跃期都不超过 30 天。这就意味着客户首次购买后的 30 天是进行二次营销的黄金时机，是提升品牌客户黏性的关键时刻。在这 30 天内如何提升客户满意度、培养进店习惯、刺激二次购买，绝对是对卖家客户关系管理内功的考验。另一方面，几乎所有卖家的客户流失期均在一年以内。淘宝网作为购物平台，品牌对客户的黏性在密集的促销活动面前显得不堪一击。由于没有地域的壁垒，客户可以频繁尝试新品牌，所以客户的生命周期其实没有我们想象中那么长。

客单价洞悉客户价值

通过对在某男鞋店铺进行首次购买的客户进行客单价的细分（从 50 元到 500 元按照每 50 元一个梯度进行分层），并研究不同客单价客户的二次购买情况，我们发现：1. 首次购买的客单价在 50～100 元的客户的复购率为 12%；2. 首次购买客单价越高的客户，复购的可能性越大，客单价在 100～150 元和 150～200 元的客户复购率相差 6%，客单价在 450～500 元的客户复购率高达 26%。

通过对首次购买客户的客单价进行分析，可以将客户纵向划分为 3 个组：首次购买客单价在 300 元以上的客户可以作为高价值客户，是店铺重点

表6-3　某男鞋卖家进行首次购买客单价分层后的复购率分析

首次客单价	有2次购买客户数	有1次购买客户数	复购率
总体用户	130573	690169	19%
50~100元	2526	21181	12%
100~150元	17296	138157	13%
150~200元	49958	262886	19%
200~250元	22128	104150	21%
250~300元	10270	46909	22%
300~350元	10260	41408	25%
350~400元	7999	34788	23%
400~450元	6849	27912	25%
450~500元	3287	12778	26%

优先维系的对象；首次购买客单价在150~100元的客户为中价值客户，店铺可对其采用普通的维系策略；对首次购买客单价在150元以下的低价值客户，应进行有限的投入。

培养“瘾性购买”

随着客户购买频次的增加，客户黏性亦逐渐提升，即从新客户变成老客户，最后成为忠诚客户。然而随着一次又一次的重复购买，客户特征到底发生着怎样的变化呢？

通过对女装、化妆品、男鞋的客户进行层次分析，我们发现随着购买次数的增加，除了客户黏性有所提升外，平均复购间隔会逐渐缩短，而客单价逐渐提升，客户逐渐成熟。

表6-4　不同类目客户的成熟的表现

	某女装		某化妆品		某男鞋	
	平均复购间隔	客单价	平均复购间隔	客单价	平均复购间隔	客单价
第1次购买	104天	194元	127天	201元	155天	230元
第2次购买	86天	210元	104天	250元	135天	240元
第3次购买	74天	222元	91天	283元	119天	253元
第4次购买	66天	228元	82天	306元	105天	260元
第5次购买	59天	231元	74天	321元	96天	264元

针对以上规律，店铺可逐步培养起消费者的购买“瘾”，而这种“瘾”又分为“毒瘾”和“赌瘾”两种：培养“毒瘾”，即缩短平均复购间隔；培养“赌瘾”，即提升客单价，客户会像买彩票那样越买越大。在我们研究过的案例当中，女装类目的客户容易犯“毒瘾”，客户成熟主要体现为客单价小幅提升而复购间隔大幅缩短；化妆品类目客户容易犯“赌瘾”，即随着客户的成熟，复购周期小幅缩短而客单价大幅提升；男鞋类目则介于二者之间。

当我们按照这四个步骤进行客户诊断时，我们便会发现，原本捉摸不清的客户顿时变得“赤裸”了。许多经营中出现的问题，也会从客户这个侧面得到反映。

（文丨雪梨）

RFM，客户管理的升级玩法

在众多的CRM分析模式中，RFM模型是被广泛提到的一种衡量客户价值和客户创利能力的重要工具和手段。该模型通过一个客户近期的购买行为、购买的总体频率以及花了多少钱三项指标来描述该客户的价值状况，从而较为动态地展示了一个客户的整体轮廓。这为店铺进行个性化的沟通和服务提供了依据，为更多营销决策提供了支持。

在RFM模式中，R(Recency)表示客户最近一次购买距今有多少时间，F(Frequency)表示客户在最近一段时间内的购买次数，M(Monetary)表示客户在最近一段时间内购买的金额。一般的分析型CRM着重对客户贡献度进行分析，而RFM则强调以客户行为为标准区分客户。

女装卖家RFM实例

例如，我们对某女装商家的客户进行RFM分析后，得到如下数据：

表6－5　某女装商家客户生命周期划分表

活跃期（50%）	沉默期（70%）	沉睡期（90%）	流失期
33天	75天	180天	大于180天

我们从表 6－5 中可以看出，有 50%的老客户在购买后的 33 天内再次购买，有 70%的客人在购买后的 75 天内再次购买，有 90%的客人在购买后的 180 天内再次购买。因此，我们可以基本判断出，该商家客户的生命周期基本在 180 天以内(客人非流失状态)。

表 6－6　某女装商家客户贡献值

	购买 1 次	购买 2 次	购买 3 次及以上
人群占比	75%	17%	8%
销售贡献	49%	51%	

从表 6－6 的数据中，我们又可以看出，该商家的客户群中虽然仅有 25%的老客户，但这群老客户为商家带来了超过一半的销售收入。因此，该女装卖家可以围绕客户的生命周期开展新老客差异化营销，在客户较活跃的阶段(活跃期、沉默期)开展客户情感营销，在客户处于即将流失状态时(沉睡期、流失期)开展折扣营销刺激。

茶叶卖家生命周期分析

总体来说，RFM 模型能较好地帮助我们分析客户的购买行为，但具体到不同行业，RFM 就呈现出局限性来了。特别是对经营食品、日常消耗品等商品的店铺进行分析时，RFM 的局限性就更为明显。举例来说，每位食品消费者有自己特定的饮食习惯，日常食用量亦因人而异，比如轻度饮酒者、中度饮酒者、重度饮酒者的饮酒习惯和日常饮酒量都有很大差异。因此，这批已形成固定消费习惯的客户，显然会拥有不同的消费周期。而我们使用统一的 RFM 模型对这批客户进行分析，就一定会出现问题。例如，购买间隔超过 90 天的客人未必是 1 个即将流失的客户，其更可能是 1 位轻度饮酒者。接下来，我们进一步举例来看购买西湖龙井的消费者的购物行为。

表6-7　西湖龙井购买情况

	f=2，p≤80	f=3，p≤80	f=3，80<p≤160	f=3，160<p≤240	f=3，p>240
人数	4390	2204	1047	483	656
占比		50.21%	23.85%	11.00%	14.94%
	f=2，80<p≤200	f=3，p≤80	f=3，80<p≤200	f=3，200<p≤400	f=3，p>400
人数	2942	1016	1213	623	90
占比		34.53%	41.23%	21.18%	3.06%
	f=2，200<p≤400	f=3，p≤80	f=3，80<p≤200	f=3，200<p≤400	f=3，p>400
人数	1252	475	515	251	11
占比		37.94%	41.13%	20.05%	0.88%
	f=3，p≤80	f=4，p≤80	f=4，80<p≤160	f=4，160<p≤240	f=4，p>240
人数	2624	1460	660	258	246
占比		55.64%	25.15%	9.83%	9.38%
	f=3，80<p≤200	f=4，p≤80	f=4，80<p≤200	f=4，200<p≤400	f=4，p>400
人数	1669	676	727	248	18
占比		40.50%	43.56%	14.86%	1.08%

我们对重复购买西湖龙井的老客户的消费记录进行了统计分析。首先，我们按照客户购买周期划分了3类消费者，分别是购买间隔小于80天的高频次消费者、购买间隔为80～200天的中频次消费者和购买间隔为200～400天的低频次消费者(以p表示，单位：天)。另外，我们也计算了第二、三、四次购买的时间间隔：二次购买的时间间隔在80天内的客户，有一半

以上选择在80天内再次购买，有85%选择在240(80×3)天内复购；令人惊奇的是，二次购买间隔在80～200天的客人，却有41%选择在购买后的80～200天之内再次购买；二次购买间隔在200～400天的客人显著缩短了购买间隔。选择在400天内再次购买的客人达到99.12%。而在购买3～4次的客人中，我们也发现了相似的规律。

由此我们得到两个结论：第一，客户有特定的消费规律，购买周期一般比较固定；第二，客户的生命周期因人而异，不同人群的生命周期可长可短。

制定差异化营销

那么，怎样优化RFM模型，才能使其匹配客户差异化的生命周期呢？其实，我们可以按照行业特点分出几类不同消费频次的客户群体，然后统计分析各群体消费周期的特征，再进行生命周期重组。由于单次订单的购买数量翻倍会导致下次购买时间延长，但并不影响客人的生命周期，只是影响了下次自然回购的时间。

在应用过程中，我们可以采用以下策略来规划CRM。首先，针对新客户依然按照80天、200天、400天这3个时间节点来判断客户的活跃及流失状态，在前期多开展品牌宣传及情感沟通，在后期则大打折扣刺激消费者。其次，我们也可以将那些有两次或两次以上购买经验的客户划分为三类群体，分别开展营销：对于高频次及中频次的消费者，更多倾向于将其培养成忠诚会员；对于处于流失状态的客户群，可根据淘宝网的大型活动来安排客户营销进行刺激。

表 6-8　不同客户的差异化营销策略

客户划分		活动策略	沟通渠道及频次
新客户	按 80 天 /200 天 /400 天 3 个阶段划分客户群	80 天内主要进行品牌宣传、情感沟通，80～200 天开始展开常规活动刺激，200～400 天开始打折扣刺激买家。	EDM、SMS（SMS 是一种存储和转发服务，也就是说，短消息并不是从发送人发送到接收人，而始终通过 SMS 中心进行转发。）、SNS，一月一次。
高频次消费客户群	绿色、黄色状态	对二次购买客户主要进行品牌宣传、情感沟通，加深客户印象；对购买过两次以上的客户则需进行会员沟通，提升客户尊享感。	EDM、SMS、SNS，一月一次。
	橙色、红色状态	特定商品折扣，大促活动。	优惠券、SMS，在客户橙色、红色状态期间至多进行两次。
	灰色状态	大促活动刺激客户；适当进行客户调研，了解老客户流失原因。	淘宝站内活动，SMS 渠道。
中频次消费客户群	绿色、黄色状态	对二次购买客户主要以进行品牌宣传和情感沟通为主，加深客户印象；对购买过两次以上客户进行关联营销，培养客户习惯。	EDM、SMS、SNS，一月一次。
	橙色、红色状态	特定商品折扣，关联营销，会员活动，大促活动。	优惠券、SMS，在客户橙色、红色状态期间至多进行两次。
	灰色状态	大促活动刺激客户。	淘宝站内活动，SMS 渠道。

（续表）

客户划分		活动策略	沟通渠道及频次
低频次消费客户群	绿色、黄色状态	以情感沟通为主，意在加深客户印象。	EDM、SMS、SNS，一月一次。
	橙色、红色状态	大促活动刺激客户。	优惠券、SMS，在客户橙色、红色状态期间至多进行两次。
	灰色状态	大促活动刺激客户。	淘宝站内活动，SMS 渠道。

区分了动态的客户生命周期的划分方法与一般的客户生命周期的划分方法之后，商家在做营销活动时就能更准确地定位客户群，这不仅避免了对某些客户造成不必要的骚扰，同时也降低了营销成本。在争取客户资源的时代，就需要商家更关注新老客户的特点，如此才能在高效利用客户资源方面更胜一筹。

（文 | 叶坚峰）

为店铺 CRM 支招

卖家缺乏系统的理论知识，在做 CRM 时就容易一味模仿他人或只做表面工作。本文将从两个真实的具体案例出发，为你的店铺支招，帮你做好 CRM。

把 CRM 做精细

“80 后”妈妈小艾在网上经营一家儿童玩具店。店铺等级已经达到 4 钻，而且每天都有几十个订单。可是，小艾却很发愁，虽然店铺流量很大，但成交量却不见涨，店铺发展越来越缓慢。关于 CRM，小艾的做法是：在客户的购买行为发生后，给客户发旺旺消息，告知具体的发货时间；发货后，又给买家发送一条短信，提示已经发货。她认为，这样就是做好了 CRM。

传统的 CRM 一般借助短信和电话为客户提供服务，但这种服务是以商品和盈利为中心展开的，对客户缺少关怀。而小艾正是在走传统 CRM 的老路，只能算是接触了 CRM 的皮毛。到底怎样才能增强买家的黏度？或许可以通过以下三种方法进行。

第一种，进行客户分类。对客户进行分类有利于对不同类型的客户进行分析，并针对不同客户制定不同的服务策略。例如，可以按客户对企业的价值来区分客户，对高价值的用户提供高价值的服务，对低价值客户提供廉价的服务。也可以将客户分为长期客户和临时客户，对长期客户采用优惠政策，对临时客户时时宣传。

实操点对点

活动 小艾的店铺新推出了一款适合两岁小姑娘玩的对话芭比娃娃。在成千上万的客户里，该如何找到对该玩具有购买意向的客户群体呢？

方案 首先，要找到家中有两岁儿童的客户群；其次，这款玩具更适合女孩子玩；最后，我们要分析的是会员的喜好，要找到喜欢芭比娃娃类玩具的家长。通过以上三方面的分析，我们自然可以找到意向客户，之后针对意向客户做专门的营销。

第二种，卖家可设置定时提醒。例如，对化妆品、食品、奶粉等有明显销售周期的产品，卖家可在买家购买的产品余量不足之时，发短信通知买家产品有活动促销，如此便容易形成二次购买。节假日、会员生日的提醒也很重要，小艾的店铺主营玩具，所以小艾将会员生日提醒的日期设定为宝宝的生日，并提前 10 天给宝宝即将过生日的家长发送短信。通过如此有针对性的二次营销，大大提高了老客户的黏度，小艾店铺的发展速度相比之前已经有了质的飞跃。

第三种，采用会员卡制度，也能够建立与新客户的关系，加强老客户的购买黏度。这里把新客户分为两类：一类是未通过介绍进入的新客户，可以免费为这类客户办理会员卡；另一类是通过介绍来店消费的新客户，除了为其免费办理会员卡外，还给老客户的积分卡记分。会员卡的类型有累计折扣、积分兑换、储值卡以及会员价卡等几种不同形式，店铺可以从中选择适合自己的会员卡，与老客户建立长期的关系。

TIPS

会员卡类型

1. 累计折扣。当消费达到一定金额后，会员卡便自动升级，买家由此享受更多的折扣。累计折扣是促使老客户重复消费的关键。

2. 执行积分兑换。买家消费后，卖家按买家的消费金额为买家累积积分，当积分达到一定数额，就可以直接兑换店铺内的商品。另外，也可以将积分卡当储值卡使用，每次消费后，用积分抵用一定金额。

3. 发行储值卡。客户先充值后消费，享受更多的折扣。

4. 设置会员价卡。会员将以相对比较低的价格购入商品。

管好你的客户

李先生和林女士夫妻俩的淘宝店主攻创意家居。和大多数的店铺相比，这对夫妇店铺的独特之处在于，店铺里所有的宝贝都是由夫妻俩自主设计的。现在，店铺的宝贝总数已达 700 多款，小店的回头客也越来越多。但是，夫妻俩却变得很茫然。如何利用和管理客户资源？如何在低成本甚至零成本的基础上提高二次购买率并提升客单价格？这些成了夫妻俩需要花心思解决的难题。

在资金较少、人员不足的情况下，中小卖家要想做好 CRM，首先便在于选对合适的工具。其实，小卖家不需要一款功能太多、操作复杂的工具，只要能满足目前的需求，就是一款适合的软件。对小夫妻的创意家居店来说，免费的或者低费用的 CRM 工具更符合店铺目前的实际状况。

另外，还要掌握 CRM 的正确方法，只有先理清客户资源，才能进行更有效的营销。

首先，卖家不仅要收集客户的联系电话和地址，还要记录下客户可能在沟通中提到的重要信息，比如客户的生日、家人信息、喜好等，再根据这些信息给客户划分类别并标记重要的客户，为可能发生的二次购买打好基础。

在建立了最基础的客户关系管理数据之后，接下来需要解决的问题就是如何利用这些信息为小店带来流量和实际收益。掌柜是做设计的，对管理复杂的客户关系有一种无从下手的窘迫。后来，经过大面积阅读，掌柜总结了一套适合自己的营销方案，将“花小钱、办大事”的风格贯彻到底。

店铺上新预告是重点。因为小夫妻主营家居类产品，因此新品往往会非常吸引客户，用短信方式给客户发布新品预售的信息，同时发送预售链接到客户旺旺或者邮箱，并根据不同等级的客户发放优惠券，吸引客户点击甚至购买。老客户影响老客户，老客户带动新客户，因此只要小小的投入，便能给店铺赢得了良好的口碑。

注重与客户的互动。掌柜开展了关注减 5 元、晒单赢免单等活动，同时也开通了店铺微博、微信，且每天分时段发不同内容的微博和微信，始终保持活跃。另外，节假日问候客户，发货前也会用短信通知客户，店铺在无形中建立了良好的服务形象。

实操点对点

活动 2012 年，店铺的两场聚划算活动为店铺带来了庞大的流量；2013 年，掌柜准备加大聚划算投入力度。那么，如何才能把聚划算拉来的顾客沉淀下来呢？

方案 1. 短信和邮件。用 CRM 工具在聚划算活动开始的前一周、前一天和当天，向系统中的客户群发送短信。同时，制作一封营销邮件，邮件内容涉及参加活动的所有产品的相关信息及活动链接。推送信息要精简直接，长话短说，最好能控制在65个字以内。当然，这类信息也并不是发得越多越好，要注意把握节奏，发送频率不宜过于密集，不要让买家产生被淹没的感觉。采用发短信和邮件的方式，可使买家在最大的程度上知晓聚划算信息。

2. 淘帮派、微博、微信同步更新。在淘帮派预告本次聚划算活动，并且通过微博和微信及时发布相关信息，再承诺聚划算后将产生幸运客户参与抽奖活动。于是，越来越多的客户参与了进来，店铺用最低的成本获得了最佳的广告效果。

经过近两个月的准备和调整，掌柜夫妇已经熟练掌握了CRM工具的操作和使用技巧，回头客增加了4%。建议该店铺下一步深度挖掘老客户，并为自己的小店注册一个商标。有了自己的品牌，在客户管理这方面也会更加得心应手。

（文 | 彭娟　胡兰）

第七章

小而美，最后一根救命稻草

数据发现小而美

细究淘宝网 2013 年的关键词，小而美无疑是站在风口浪尖的一个。什么样的卖家才是小而美卖家？这个问题的答案，就如同那 1000 个人眼中的哈姆雷特，根本没有定论。而本文将基于对美指数指标的研究探讨，得出小而美的真正概念。

在海量的数据中，我们首先对女装类目中被认为是小而美的 9 万多家卖家进行了样本分析。通过建立模型来让同一个簇中的对象彼此相似、与其他簇中的对象相异，从而借助一些变量来区分出小而美与大而美、小而丑、大而丑的区别。

TIPS

数据样本

· 类目：女装

· 分析 2011 年下半年数据

· 卖家月度 GMV(一段时间内的成交总额)金额大于 4000 元

· 卖家等级大于 2 钻

· 开店时间大于等于 90 天

· 约 9 万卖家

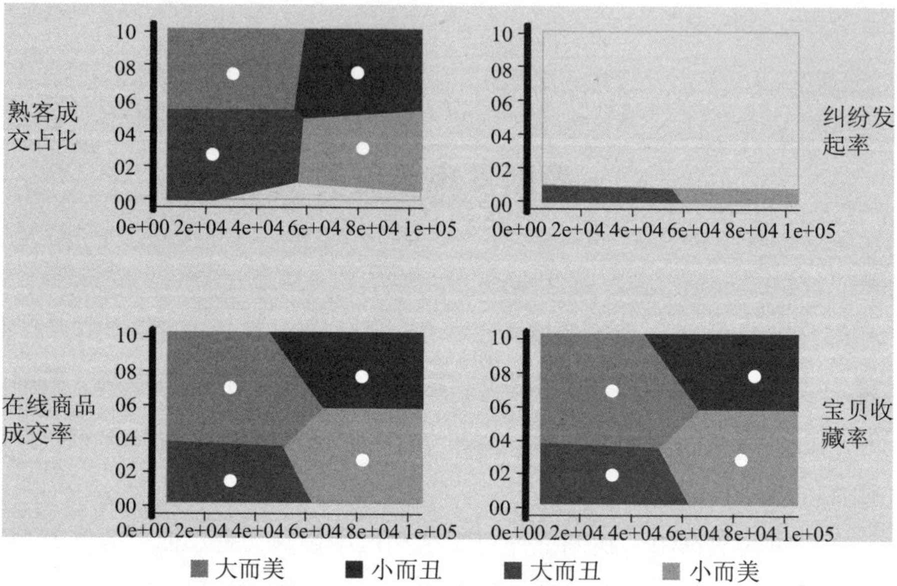

图 7-1　大小卖家的区分

在大卖家与小卖家的区分上，我们通过对熟客成交占比、纠纷发起率、在线商品成交率和宝贝收藏率等多个相关变量进行分析得出：在大小的层级分类上，将月 GMV 大于 6 万元的卖家划定为大卖家，其余则为小卖家。

在美与丑的区分上，我们为卖家提炼出修炼小而美内功必须达到的 10 项指标，也就是美指数卡上的 10 项内容。美有很多角度，如果每个角度都美，那么它一定美。同样的道理，如果某卖家在美指数卡上取得了多项高分，那么该卖家的店铺便可以被称为小而美的“十项全能”卖家了。

鉴于以上分析，我们用来定义小而美卖家的变量有：好评率、熟客交易占比、宝贝在线成交率、发货 DSR 高于行业的百分比、品质 DSR 高于行业的百分比、服务 DSR 高于行业的百分比、IPV(商品详情页的浏览次数)转化率、熟客客单价与普通客单价之比、站内搜索带来 IPV 占比、旺

表 7-1　美指数打分卡

变量	权重
好评率	10.6
熟客交易占比	1.9
宝贝在线成交率	1.8
宝贝收藏率	1.6
发货 DSR 高于行业的百分比	1.4
品质 DSR 高于行业的百分比	1.2
服务 DSR 高于行业的百分比	1.1
物流 DSR 高于行业的百分比	0.4
IPV 转化率	0.3
熟客客单价／普通客单价	0.2
站内搜索带来 IPV 占比	-0.2
旺旺响应率	0.2
直通车和淘宝客引导 IPV 占比	-0.1
拍发时间差	-0.04

旺响应率、直通车和淘宝客引导 IPV 占比、拍发时间差等。在以下的分析中，我们将根据以上美指数标准，对 116 个用户投票为小而美卖家的样本与随机抽取的其他 116 个样本进行美指数对比，从而展示出小而美卖家的真正特征。

以下数张图中，颜色越深，代表越美。我们通过美指数打分项及项目各自占比得出不同类店铺的美指数分数：小而美组美指数平均分为 82 分，其他组美指数平均分为 59 分。我们可以明显看到，小而美组美指数分数远远高于其他组美指数分数。

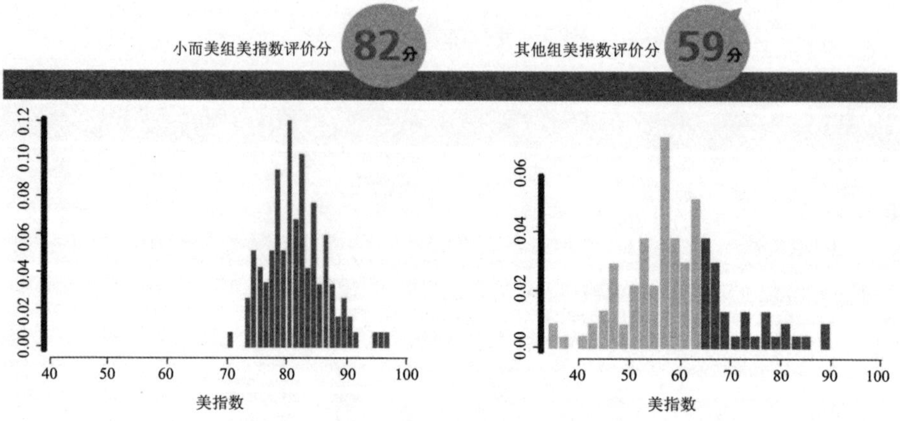

图7－2　小而美组、其他组美指数比较图

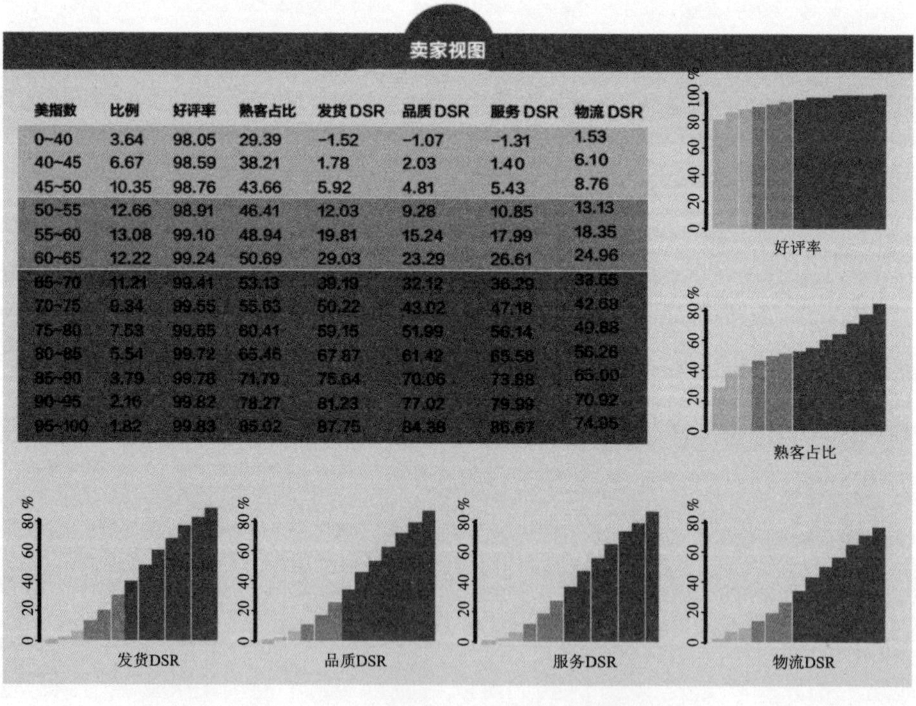

美指数	比例	好评率	熟客占比	发货DSR	品质DSR	服务DSR	物流DSR
0~40	3.64	98.05	29.39	−1.52	−1.07	−1.31	1.53
40~45	6.67	98.59	38.21	1.78	2.03	1.40	6.10
45~50	10.35	98.76	43.66	5.92	4.81	5.43	8.76
50~55	12.66	98.91	46.41	12.03	9.28	10.85	13.13
55~60	13.08	99.10	48.94	19.81	15.24	17.99	18.35
60~65	12.22	99.24	50.69	29.03	23.29	26.61	24.96
65~70	11.21	99.41	53.13	39.19	32.12	36.29	33.65
70~75	9.34	99.55	55.63	50.22	43.02	47.18	42.68
75~80	7.53	99.65	60.41	59.15	51.99	56.14	49.88
80~85	5.54	99.72	65.46	67.87	61.42	65.58	56.26
85~90	3.79	99.78	71.79	75.64	70.06	73.88	65.00
90~95	2.16	99.82	78.27	81.23	77.02	79.99	70.92
95~100	1.82	99.83	85.02	87.75	84.38	86.67	74.95

图7－3　美指数得分及其相关变量

卖家视图

美指数	比例	宝贝成交率	宝贝收藏率	熟客与普通客单价之比	拍发时间差
0~40	3.64	9.28	13.70	0.62	1.31
40~45	6.67	14.43	19.09	0.91	1.18
45~50	10.35	20.32	24.26	1.03	1.10
50~55	12.66	26.33	29.65	1.09	1.03
55~60	13.08	30.66	33.42	1.13	0.98
60~65	12.22	33.76	36.48	1.13	0.92
65~70	11.21	35.43	38.04	1.14	0.91
70~75	9.34	35.53	38.49	1.14	0.87
76~80	7.53	36.86	39.54	1.15	0.84
80~85	5.54	38.39	40.00	1.16	0.78
85~90	3.79	41.29	39.67	1.16	0.77
90~95	2.16	47.18	40.58	1.17	0.72
95~100	1.82	66.55	44.09	1.17	0.71

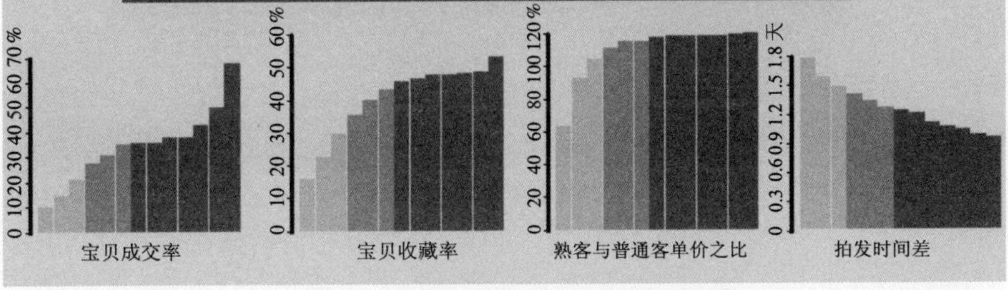

图 7 - 4　美指数得分及其相关变量

从美指数卡出发，我们进一步分析美指数得分与各种变量的关系。我们发现：在好评率方面，美的卖家与不美的卖家之间差异并不大；而在熟客占比方面，在美的卖家的客户群中，熟客占比最大，美指数分数也最高。

通过对宝贝成交率、宝贝收藏率、拍发时间、熟客客单价和普通客单价之比 4 个变量进行分析，我们发现：美指数高的卖家宝贝成交率和收藏率也高；在客单价的差异上，美的卖家的熟客客单价与普通客单价之间差异甚小；而在拍发时间上却恰恰相反，美的卖家的拍发时间并不如想象中那么迅速。也就是说，小而美卖家受拍发时间的影响并不大。但从熟客客

卖家视图

美指数	比例	IPV 转化率	直通车和淘宝客 IPV 占比	站内搜索 IPV 占比	旺旺响应率
0~40	3.64	64.34	15.30	53.53	49.25
40~45	6.67	64.48	15.28	52.12	50.59
45~50	10.35	65.04	14.48	50.74	53.36
50~55	12.66	65.88	13.74	49.20	53.64
55~60	13.08	67.18	12.80	48.00	55.94
60~65	12.22	67.73	11.80	46.82	56.78
65~70	11.21	68.57	10.48	45.42	58.10
70~75	9.34	68.76	9.37	44.16	58.70
75~80	7.53	68.91	7.96	41.76	58.87
80~85	5.54	69.23	6.73	39.53	60.28
85~90	3.79	69.46	5.76	36.78	60.62
90~95	2.16	69.57	5.04	35.11	60.67
95~100	1.82	69.71	3.90	31.95	60.84

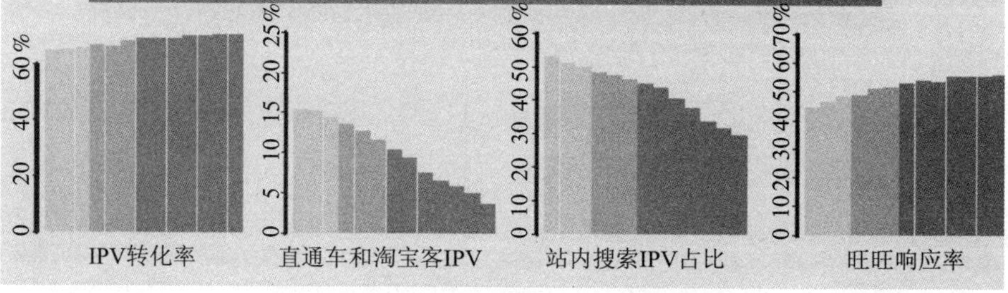

图 7－5　美指数得分及其相关变量

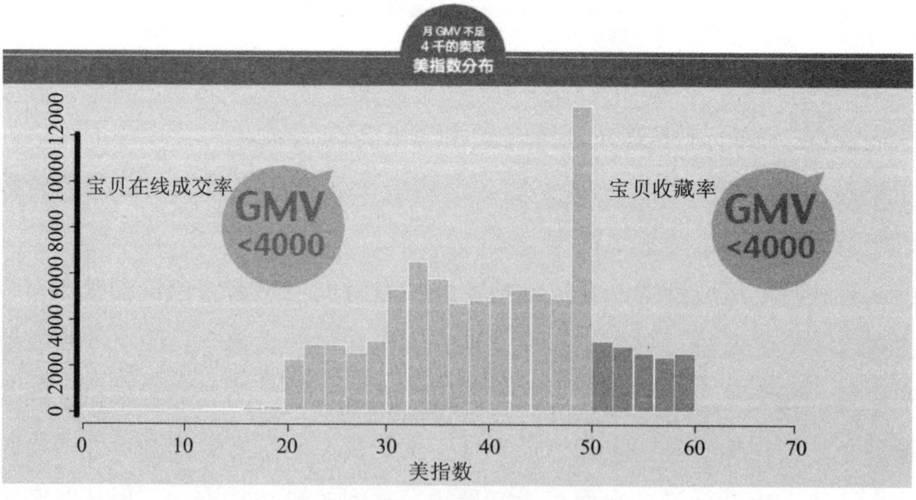

图 7－6　小而美与 GMV

单价和普通客单价之比上可以发现，回头客是这些小而美卖家最为稳定的客户群体。

此外，我们还发现美指数得分越高的小而美卖家，直通车和淘宝客引导的 IPV 占比越低：美指数得分在 95 分以上的卖家，淘宝客和直通车导入的 IPV 仅占店铺总流量的 3.9%，而站内搜索的 IPV 则占比 31.95%，并且 90%以上小而美卖家在直通车上的月支出少于 5000 元。因此，我们可以说，美指数高的卖家对推广的依赖度要比美指数低的卖家对推广的依赖度低很多。

从图表中我们还能够发现，月 GMV 不足 4000 元的卖家，美指数平均分为40 分。GMV 不足 4000 元和 GMV 大于 4000 元的卖家最明显的区别在于宝贝在线成交率和宝贝收藏率两个变量的不同，GMV 不足 4000 元的卖家的宝贝在线成交和收藏指数都极低。由此可见，GMV 太小的卖家，一般都不美。

一般而言，人们会习惯性地认为小而美卖家的 DSR 分数会高于一般卖家，但通过美指数卡上的几个变量得知，很多小而美卖家的 DSR 分数并不高。对此，我们可以依照以下两个案例进行说明。

图 7–7 中两家店铺的 DSR 分数都不高，甚至低于行业平均水平或者与行业平均水平勉强持平。但从其他几个变量出发，这两家店铺却完全符合小而美店铺的美指数特征，它们的美指数分数都在 80 分以上，月 GMV 也远远超过 4000 元。因此，DSR 低的卖家并不一定就不美，于是我们也就可以理解，为什么一些客服不太热情、发货速度也没那么快的店铺，却始终被一群忠实的用户所喜爱。

综合以上数据，我们就可以得出结论了。事实上，美并不依赖搜索。DSR 低的店铺也可以美，个别的中差评虽然可以影响 DSR，但小而美只侧重特定用户群。对小而美卖家而言，选品才是关键：宝贝量和品类量可以少，但宝贝命中率要高。而对宝贝拍发和旺旺响应速度而言，快更多意味着锦上添花，并非雪中送炭。

（文 | 法决　贝壳）

抱团有理

在大谈特谈小而美之前，我们首先通过买家和卖家的双边关系，来重新定义小而美卖家。在经过大量的调研后，我们发现小而美卖家基本具备以下几个特点：有粉丝追随，口碑良好，选品精准，营销适当，资源独特和品味个性。综合下来，我们把那些专注细分领域、经营能力强和能满足买家个性化需求的卖家归入小而美卖家群。

卖家最关心的人是买家，因为只有买家埋单，卖家的努力才有意义。而在买家当中，又有一类特殊的人群，那就是淘宝达人。所谓淘宝达人，指的是一群深入了解电商行业的买家。他们与淘宝有着密切的关系，善于识别淘宝卖家和采集各类店铺的信息，擅长比较、挑选、识别货物并最终交易，他们无疑是买家群体中的精华。

从达人角度出发，我们有了几个有趣的发现，比如达人可以驱动小而美卖家浮现，此外达人还决定着小而美卖家的未来。

让小而美卖家浮现

为了能从数据角度发现达人和小而美卖家的关系，我们特别筛选了一部分数据样本，以探究其中的联系。

TIPS

数据样本

· 平台：淘宝集市

· 类目：女装/女士精品

· 时间：2012年5月1日～2012年10月31日（半年）

· 买家数：49505301

· 卖家数：923948

· 数据类型：买家属性、卖家属性、浏览和购买数据

· 剔除炒信数据：剔除炒信行为大于30%的买家和卖家，分别剔除炒信买家17260和炒信卖家114689

在这个数据样本中，我们通过区分达人和普通买家、普通卖家和小而美卖家，发现了一个有趣的现象：达人最终的选择大部分为小而美卖家。也就是说，在收藏店铺、收藏宝贝、加入购物车次数和浏览IPV会员数等几个指标中，达人买家和那些有自己独特风格的小而美卖家达成了基本一致。

而在对淘宝女装达人样本进行分析的过程中，我们发现达人群体可以分为两种类型：一种是批发商达人，一种是买家达人。我们从半年购买笔数、平均客单价和平均浏览IPV 3个指标来区分批发商达人、买家达人和普通买家，得出如下结论：批发商达人半年的平均购买数超过了180笔，但平均浏览IPV则为672.41；买家达人半年的购买笔数不超过120笔，但平均浏览IPV远高于批发商达人。可见，批发商达人具有快速识别和快速下决断的能力，因此我们通过批发商达人的购买行为，可以快速预测市场潮流趋势。

买家达人（10万人）

	少女	轻熟女	熟女	其他
平均半年购买笔数	105.46	105.26	104.8	114.49
平均客单价（元）	89.85	139.25	159.77	132.87
平均浏览 IPV	968.34	937.56	989.23	834.41
人数占比	22.28%	38.91%	20.21%	18.60%

批发商达人（3.4万人）

	批发商买家（半年购买笔数≥180）
平均半年购买笔数	455.64
平均客单价（元）	126.62
平均浏览 IPV	672.41

图7-7 淘宝女装达人分类

从市场局势来看，大卖家占据了大量流量，小卖家很难险中求胜；而从达人样本中，我们发现之前一直提倡的小而美卖家抱团发展并不是一句空谈。我们发现，可以通过达人指数，建立买家之间的购物同好网络来满足买家的个性化需求，并识别有共同达人的抱团卖家，让优质的卖家浮出水面。

下面，我们来分别谈谈达人对潮流的预测功能和驱动小而美卖家抱团营销功能。

达人撬出小而美

在数据中，我们发现达人买家能取得一定的明星效应。这些达人有自己活动的圈子，也有自己的喜好，从达人出发，不仅可以为卖家提供对未来潮流的准确预测，也可以为开发方便卖家抱团的应用尽一些力量。

正如上文所言，批发商买家的购买行为能对未来市场的流行趋势作出准确预示。他们会在几个月前就搜索相关热词，而在几个月后，这些热词很可能会成为搜索关键词。这也就是说，批发商达人更有预测潮流的能力。

我们将根据一些数据样本来对达人搜索的关键词进行分析。

TIPS

数据样本

· 数据源：淘宝主搜数据、用淘宝全网品牌属性过滤、没有过滤常用词

· 买家群体：全部买家 5000 万、达人买家 5 万、批发商买家 3.4 万

表 7-2 不同买家群体关键词搜索数据

	8 月搜索量增长平均值	9 月搜索量增长平均值	11 月搜索量增长平均值
普通买家	14.7%	23.1%	62.4%
买家达人	13.2%	41.9%	76.7%
批发商达人	21.9%	79.9%	107.6%

下面举例来说。

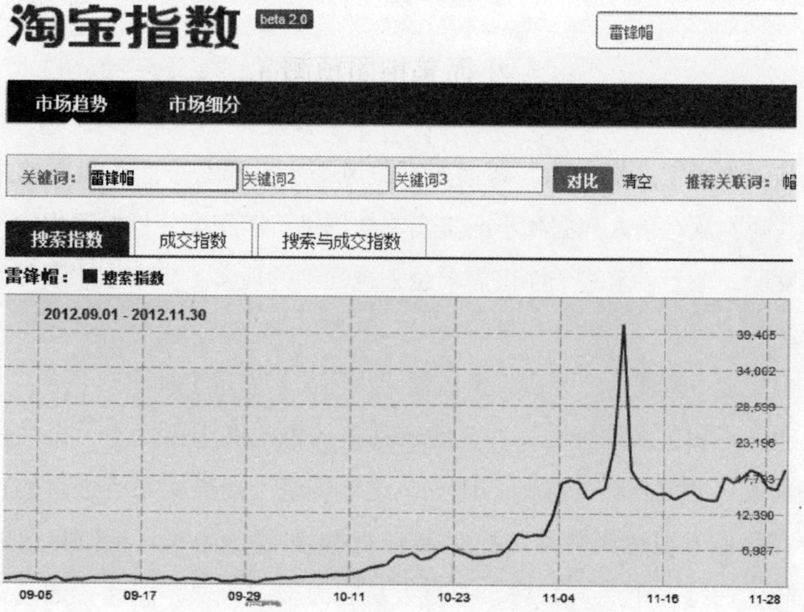

图7－8　批发商达人9月热搜雷锋帽

从淘宝指数和百度指数可以看出：2012年9月，批发商达人热搜雷锋帽；2012年10月初，雷锋帽的淘宝搜索量和百度搜索量开始增长；2012年"双十一"，雷锋帽搜索量暴增。而购买雷锋帽的淘宝买家多分布在东北地区，这批买家的消费层级和等级均处在中等水平。

或许我们可以这样说，如果要预测裂帛是否会一直火下去，看批发商达人的搜索即可知道；如果要看2012年最火爆的"江南style"在2013年的流行趋势如何，也可以根据批发商达人的搜索来判断。对于卖家而言，这显然是一个紧跟潮流的好机会。卖家们可以找出店铺中可能存在的批发商达人，根据批发商达人的搜索关键词，提早做好选品、备货和营销准备。

小而美抱团预测

基于大卖家占据资源，普通卖家跟风喝水，那么小而美卖家的未来又在哪儿呢？从对达人数据和小而美卖家数据进行匹配度分析的过程中，我们不难发现，基于买家的个性化需求越来越强烈的现实，卖家生态圈开始发生裂变。

裂变之一体现为：大卖家拼流量，小而美卖家玩个性。

通过买家达人的标准，在大卖家猛拼流量的淘宝市场中，个性化的小而美卖家将固守自己的城池。比如从之前围绕小而美卖家所进行的样本分析中，我们发现达人并不关心卖家的DSR评分，达人只相信自己的眼光和品味。而每一个达人背后，都有大量同类型的买家。因此，通过对达人发生影响，小而美卖家可能会获取一批眼光和品味类似的买家，并依靠自己的独特风格守住这批买家。因此，小而美卖家的客户群可能不大，但是却一定很固定。

裂变之二体现为：达人驱动社会化导购。

SNS和O2O(将线下商务的机会与互联网结合在一起，让互联网成为线下交易的前台，使线下服务就可以在线上揽客，消费者可以在线上筛选服务和成交)是长期以来被推崇的两个新模式。而从达人数据上看来，这两种模式同样是最适合被小而美卖家用于精准营销选择的。达人的个性化需求使得社会化导购成为获取流量的高性价比途径，这也就是为什么美丽说和蘑菇街会在两年之内成为许多中小卖家选择的原因。与此同时，O2O也会成为小而美卖家未来趋向于运用的新模式。而且，达人旺盛的购买力和独特的个性选择，就决定了O2O不会只是一张白纸。

裂变之三体现为：小而美卖家将更多地采用抱团的形式取暖。

在流量分配较少和资源相当有限的情况下，小而美卖家如何浮出水面，并活得有滋有味？个性化匹配使得卖家和买家之间的互动性更强，因此，借助达人的圈子效应，小而美卖家抱团上线将更容易汇聚资源，进行整合营销。比如骚店、创意集市店铺等，都是针对同一类达人做共同的店铺推荐。至此，买家可以完成个性化搜索，卖家则可以做个性化的集体匹配。

综上所述，小而美卖家的未来并不是守株待兔式地等待同类买家的共鸣，而是通过匹配的达人买家和与达人买家具有同类喜好的用户，来进行资源整合，以此发展个性化小而美店铺。

（文 | 贝壳　法决　采琼）

老店的小而美之路

有这么一家淘宝店铺，在其 10 年的经营路途中，它的店铺等级已经达到了一个金冠，也有了 20 多人的团队，它的名字便叫做芝蔓。在小而美概念还没盛行的时候，芝蔓已经在做着小而美的生意。说芝蔓小，是因为它只专注护发，走中高端产品线，规模也不大；说芝曼美，是因为芝蔓已经连续几年居于护发类目的 Top1 位置。

图 7-9　老店的突围逻辑

走不通的“一店式”购物

当年那个推动掌柜橙子进入淘宝网的机缘在今日看来颇有些戏剧性。橙子那时常常泡论坛，与一众粉丝分享护发、美发心得。有一天，橙子在网页下方不起眼的地方看到了淘宝网招募卖家的小广告，随手一点便注册了。

因为超高人气的支持和颇为巧合的机遇，芝曼就这样开始了在淘宝网上的旅途。跟很多草根卖家一样，掌柜橙子也经历过货堆满房间、每天蓬头垢面守在电脑前单独作战的悲惨阶段，而且“那时候的网络不像现在这么发达，店铺刚开始的时候，一天就几单，发展了一两年之后，一天也只有十几单”。虽然发展速度不快，但橙子的店铺始终走在平稳发展的路上。橙子发现，这或许是自己店铺的买家忠诚度高的原因。

买家忠诚度高与 3 个原因有关：其一，2005 年前的美发、护发市场没有现在这么大，卖家屈指可数（如今美发、护发类目下的卖家已经超过了 6 万家）；其二，橙子对产品质量要求很高，芝蔓“只从生产厂商和经过正规授权的产品代理商处拿货”；其三，橙子能够给买家提供很多专业的护发意见，“当年其实没有太多客户关系管理的概念，但我会为每个买家传授专业知识，这也是能把老顾客留下来的原因”。也正因为如此，即便当时不走低价路线，芝曼的销量也还不错。目前，金冠店芝曼的老顾客占比达到了 30%以上。

然而，定位中高端，坚持只做美发、护发的芝曼不是没走过弯路。

在 2007 年淘宝网盛行百货风的时候，稍微有点资金实力的卖家都有这么一种憧憬：买家进了我的店铺就别走了，因为我的店铺里什么都能买到。于是很多卖家开始尝试“一店式”购物，但最后，几乎所有卖家都梦断大而全。

芝曼在 2007～2008 年间也受到过很多诱惑。从定位中高端出发，橙子先是谈了一个外国饰品品牌的代理权，结果发现该品牌的饰品很贵很难卖。再到后来，橙子发现不少买家反应秋冬季节脖子会冷，于是就又进了四五万元的围巾，结果发现围巾依然卖不动。“事实证明这样是不行的。走不通的原因是，人的精力是有限的，不可能事事争先。另一方面，做大而全的‘一站式’店铺，也会对本业造成不良冲击。起初，买家觉得我们在护发领域做得很专业，可如果我们家还卖拖鞋，买家便失去了对我们的信任。”因此，大概一年之后，橙子便喊停了其他产品。她的想法也从“多做一点是一点，多挣点钱何乐而不为”慢慢转变为“做得精才能做得好”。

做好产品

在流行低价搏杀的淘宝网早期，是否坚持走中高端路线也是需要卖家耐心确认的。

2009 年年初，网上有一款十几块钱的洗发水卖得特别好，橙子于是也进了 9000 多块钱的货。事实证明，这是芝蔓另一次失败的尝试，此后橙子终于“死心”。“我的买家们就只能接受中高端的产品，我不能因为哪个产品卖得便宜、卖得好就去插一脚。”敢于尝试，勇于退出，这在瞬息万变且充满诱惑的淘宝网上并不容易做到。

经历了“尝试—失败—尝试—失败—坚定”的纠结与矛盾之后，芝曼迎来了发展最快的两年。2010 年 2 月，芝曼跻身 4 皇冠店铺之列。

2011 年之后的两年，品牌化、授权化、分销的概念被频繁提及。授权，一直是梗在化妆品卖家心中的一根刺。曾经有人直白地说：“如果你们没有得到授权，是没办法长久发展的。因为不久之后的将来，品牌公司也一定会进入电子商务领域做自己的产品。”为了解决授权未果而可能造成的侵权问题，橙子找到了杭州的一位律师，对方答曰：“只要这货你买进来，而且是真货，这销售权就归你了。至于怎么卖和卖多少，都是你说了算。”然而，橙子发现，事实却并不是这样的。

国际知名品牌的授权之路艰苦而漫长，那么尝试国产品牌又是不是另一条可以行得通的路子呢？橙子坦言，“国产品牌找我们的也很多，但芝曼这个平台已经有了自身的定位”，不过，“只要适合芝曼，我们愿意尝试”。

2012年年底，芝曼开始进行开发自主品牌的尝试。自主品牌的产品全部委托欧洲工厂OEM（代工），产品的安全度有很大的保障。产品销售至今，客户都认为非常不错。

不求规模

同许多草根卖家一样，芝蔓也是经由橙子一个人奋斗，发展到三五个人作战，再到现在的公司化运作。这么多年，芝曼一直奉行家庭式的管理及文化，主张员工应该快乐地工作。团队成员间没有上下级的关系，有话直说，有事一起做。

芝曼团队成员稳定，大部分员工的工龄都在3年以上，资历最老的员工已经在芝曼工作了近9个年头。

很多人说，作为一家金冠店，芝曼的员工人数没有想象中那么多。实际上，2013年30、2014年300式的规模曲线在很多淘宝网店都存在过，但一家能稳定发展多年的店铺如果一味追求规模，也许早就完蛋了。

“芝曼的员工都是全能型选手，我希望他们在学习前景、发展空间、薪资待遇上都能超越市场平均水平。这比一大堆人拿着低工资、每天做着固定的事，更能让每个人产生成就感和体现自我价值。”好玩的是，芝曼运营总监这一职位，直到2012年才正式设立。

在距离芝曼办公区域不超过20分钟步行行程的地方，是芝曼的员工宿舍——小区房，两人间，由公司承担房租、水、电、天然气、宽带等所有生活杂费，而管理宿舍的大任则交给一位性格开朗的女孩。“用心对待员工，员工也会用心对待公司，对待客人。”橙子说。

（文 | 米兔）

大踏步步入小而美

这家店铺的主人是一位“80后”的研究生菲儿，让我们一起来看看她在亦商亦读的情况下，是如何做好三钻店，玩转小而美的。

无论什么宝贝，如果想销量不错，那款式就一定要有吸引力。菲儿是“80后”，“80后”属于淘宝网消费群体里占绝大比例的族群。再加上她自

图 7-10　大踏步步入小而美

己就是淘宝控，从衣服鞋帽到家用电器，她基本都在淘宝网上解决。因此，对淘宝买家喜欢什么和不喜欢什么，菲儿可谓相当了解。因此，菲儿选择森女系和英伦复古系作为自己店铺的主打风格，很多买家在菲儿店里进了货再拿去实体店卖，销量也都很好。

关于引流，也有一些要说的。

其一，装修问题是一件很重要的事情。当买家到店里购物时，首先映入眼帘的就是店铺整体的装修情况。但菲儿觉得，过于繁杂的装饰未必好，有背景音乐也未必好，所以她找了一个比较小清新的模板，并取消了原有的背景音乐。很多买家都不喜欢店铺首页有背景音乐。一方面，不一定每个买家都会喜欢卖家设定的背景音乐；另一方面，如果买家正在上班或者买家家里有人休息，他一定会毫不犹豫地关掉有背景音乐的店。

其二，要注重产品陈列。对此，菲儿专门去分销平台找了供应商，丰富了店铺产品，重新上传了宝贝图片。不得不说的是，图片是引流的关键，网上千篇一律的图片毫无特色可言，拍出自己的Style（风格）才是王道。另外，自己拍摄的图也会让买家觉得更真实可信，也会因而更愿意进你的店。

其三，淘宝客也要重视起来。跟朋友交流了心得以后，菲儿果断开了淘宝客。她之前就对淘宝客有所了解，但是一直没有下决心开。事实证明，开了淘客以后，店铺流量真的增加了不少。虽然要付一定的佣金，但菲儿还是坚定地认为：用于推广的费用不要大于赚的就可以。就算入不敷出，最起码还增加了销量，有了销量和评价，才会有更多的人敢买，店铺的总流量和总销量才会被带动起来。况且，很多人会为了省邮费而在你家一口气买几件衣服，这样周而复始，店铺想不火也难。

关于引流不得不说的最后一点，也是重中之重的，就是宝贝上下架时间的问题。一个宝贝的上架周期是一周，越临近下架的宝贝在搜索页的排名就会越靠前，所以选择什么时候上下架也是有学问的。店铺要尽量选择客流量密集的时段上下架，与此同时，还要把店里宝贝的上下架时间平均分散到每天的各个重点时间段。不要一口气把宝贝全上架完，要学会分散，只有分散才能保证店铺流量的稳定。菲儿店铺平均每天的流量都在 2000 左右，密集时期会达到 3700。如此看来，菲儿的合理宝贝上下架时间还是做得不错的。依靠这些流量，随着一声声悦耳的叮咚声，她的店在 9～11 个月间便成功从两钻升到了梦寐以求的 3 钻。

店里有了客户，就涉及到服务。从 2009 年开店到现在，菲儿店铺的卖家服务态度一栏始终保持着 4.9～5.0 的高分状态。菲儿有过为一个急用东西却不方便出门的客户送货上门的经历，也有过为追踪一个买家的快递情况打了近百元长途电话的经历。很多人觉得她傻，觉得这样为客户不值，但菲儿却不这么想。一直以来，她都真心把每一个来光顾小店的客户当成自己的“亲”，用最好的服务尽可能地让每位“亲”满意而归。每当有买家对她说“在你家买东西真开心”的时候，她都会感受到自己存在的价值。正所谓“客户虐我千百遍，我待客户如初恋”，这是每一个想走上成功之路的卖家必不可少的经验。

在卖自己衣服的同时，菲儿也在做分销。在分销方面，菲儿觉得最重要的一点就是选择一个好的供应商。供应商一定要少而精。

所谓少，是指不要大范围、天南海北地找分销。如果你找了三家分销商，那就有可能做出三件风格不同的衣服；如果三家分销商分布在三个不同的地区，你就有可能要从三个地方给买家发货。一来很难对买家解释清楚，二来也无法合理解决那些多出来的快递费——如果让买家承担这些费用，买家很可能会放弃购买；如果自己承担，也许会把所有赚的钱都赔进去。

至于精，是指选供应商之前一定要对供应商的货品有所了解。对此，可以去市场上调查下这家店的口碑，也可以亲自买一件看一看，千万不要盲目地开始分销。如果碰上不负责任的供应商，或者他家的货品质量特别差，那你就真的白忙了，得到了差评之后只能有苦说不出。所以，确定跟分销商合作之前，一定要费一番力气仔细调查，以后的分销道路才会一帆风顺。

一家店想要做好，产品质量好才是王道。现在的买家已经不是一味追求低价就够了，更多的人愿意花高一点的价钱买到质量好的衣服。与此同时，卖家也要给予买家更多的保障，比如加入消费者保障联盟和 7 天无理由退换等，让买家买得舒心、穿得放心。

（文 | 红酒）

学会粘住顾客

大部分小而美店铺的自然流量都很高，一般情况下，这部分店铺并不依赖付费推广。大部分中小卖家认为流量为王、资源为王、推广就是生命线，而在小而美卖家看来，根本就不是这么回事。

从细分类目做起且后来成长迅速，从卖家群体中脱颖而出，这便是本文所要重点叙述的小而美卖家。从营销和服务上来说，中小卖家有必要向这些商家学习一番，学学这些将培养口碑、数据化运营、优质服务贯穿整个运营过程的小而美店铺是如何生存并稳定壮大的。

粉丝是淘来的

小而美商家大都走细分类目的路子，然而细分类目却有着明显的局限性。一来细分类目会使店铺的市场定位较为单薄，如此便容易触及销量的天花板；二来对经营特殊类目商品的卖家而言，一定要将推广信息直接传达到精确的买家群当中，因此卖家的推广成本就相对较高。鉴于以上两点，小而美商家的推广一定是能粘住顾客和保持弹性的营销。以下将为各位展示两个小而美卖家的案例，其中一家以逐步推进的营销活动取胜，而另一家以比安全局更懂客户的 CRM 吸引眼球。

当亲亲我品牌刚进入市场的时候，亲亲我的推广进行得并不顺利。由于咬咬乐婴儿辅食是从 2009 年才出现在市场上的，消费者并不熟悉咬咬乐这一产品的特点。而且，像婴儿辅食这样的商品，大多数消费者不敢轻易让宝宝尝试。因此，即使亲亲我砸再多的广告费，推广也不可能产生好的效果。尽管掌柜对宝贝详情页进行优化，又不断地宣传卖点，亲亲我的销售情况仍然见不到一点起色。

在消费者不愿意相信商家的情况下，进行口碑营销、让用户帮助宣传就成为了商家最好的选择。

一般来说，愿意去试用新商品的新潮人群大约占买家总数的16%，卖家进行口碑营销所需的意见领袖就在其中。开始的时候，掌柜拿出30份商品在太平洋亲子网做试用活动。而之所以选择太平洋亲子网这个平台，是因为考虑到，在母婴网站中，新潮人群最为集中，试用效果也最明显。最后，卖家获得了27份试用报告，其中17份非常优秀。这些用户的试用体验，就成为了宣传产品和说服下一批顾客最好的武器。

在进行了第一波宣传之后，店铺又进一步开展了第二波活动“宝宝麻豆总动员”，即以选拔宝宝当模特作噱头吸引妈妈们的参与。最后选出的“小麻豆”小予才9个月大，店铺将她打造成了品牌代言人，让她伴随店铺一起成长。这项充满人性和趣味性的活动吸引了大批亲亲我的消费者。这批消费者见证了小模特的成长，也见证了店铺的成长，由此和品牌产生了共鸣。这之后，即使宝宝长大，这批消费者也将成为店铺的铁杆粉丝，乐于帮助品牌进行口碑宣传。

在培养了品牌的铁杆粉丝之后，店铺又举办了第三次活动，即“潮妈马尔代夫之旅”活动。这是因为考虑到亲亲我的使用者虽是宝宝，但进行口碑营销所需的意见领袖却还是宝宝的妈妈们。亲亲我明白妈妈们都是有自己的小圈子的，一个妈妈的辐射面少则涉及几位潜在顾客，多则涉及到微博、微信上成千上万的粉丝。最后，店铺选择了一位明星妈妈作为获奖者前往马尔代夫旅行，同时对该活动做了一系列直播，将这位潮妈的精彩之旅再次热炒了一下。这次活动成功吸引了许多拥有数万粉丝的妈妈参加，通过这次活动，亲亲我进行了成功有效的品牌展示，也为以后的营销活动积累了精准的经验。拥有一批意见领袖，有了口碑的支撑，咬咬乐就能成为母婴市场认可的商品，亲亲我品牌也便不会再受到其他品牌的冲击。

而另一方面，如果你能比安全局还了解你的顾客，那么你就能降低二次营销的成本，将他们牢牢抓在手里。以紫色尼龙包为主营业务的紫魅品牌的营销之路，就证明了这一点。他们给每一位老顾客建立了情报档案，用数据化手段对这些数据进行管理，确立营销计划。

每个人的旺旺名都不是胡乱起的，有人甚至会为了一个用户名想上好几天。因此，紫魅根据客户的旺旺名，做了一套颇具特色的营销方案。掌柜进行了一番调查：首先，旺旺名中带有“紫”这个字的，肯定是店铺的精准用户；其次，名字中带有“小”的用户最多，经过回访，掌柜发现这些人中的80%都有小孩，这个数据说明了当初将店铺的顾客群定位为25岁以上的预测是正确的；再次，客服对每一位顾客习惯性的聊天方式进行了统计，对顾客的常用语进行了总结。店铺的数据积累，就是从买家的旺旺名入手的。

店铺从2013年1月7日才开始关注快递单。当天，店铺共接282单：50单的地址是机构名称，掌柜判断买家或为公务员；22单是学校，掌柜认为买家是学生；65单是公司名称，掌柜初步认为这批买家是白领；145单是小区，这显然是买家的家庭收货地址。接着，店主对这些买家进行了回访，发现了很多有用的数据：能在周一到周五的白天在家收货的，大都是SOHO一族(居家办公者,大多指那些自由职业者);收货地址为学校的买家并不完全是学生，大多是老师；282单之中有52单填写了男性收货人，这是女性要求代付的结果。

小而美卖家，在营销上的最大特点就是不依赖付费推广。当然，这不意味着小而美店铺完全不需要推广，因为只有获得更多的展示，不断地得到新流量，才有可能从中获取老顾客。对这些店铺来说，获取新流量不是最重要的，如何从新流量里淘出精准流量并有效地维护才是重中之重。

贴身玩服务

小而美商家能让顾客都粘住它，不仅因为自身产品分类够细，产品够美、够特色，更大的原因在于，小而美品牌能够让顾客和自身产生共鸣，让顾客不仅从产品上，也从发现商品、购买商品的过程中以及和品牌的互动中为顾客打造一张看不见的网，让顾客时刻感受全方位的服务。

瑞贝拉是一家卖原创手表的店铺，手表本身并不是一个复购率很高的类目，会员营销在这里似乎是行不通的。然而，这并不代表手表店铺就不应该关注产品的口碑。相反，如果在商品评价里出现一条扎眼的评价，就可能会影响到相关产品和整个店铺的销量。2012 年，店铺设计了一款旗舰手表。一拿到样品，掌柜就发现表带的接口处没有镀金。沟通之后才知道，原来是生产厂家无法在陶瓷材质的接口处电镀。而这时候，虽然店铺上新要求非常迫切，但是掌柜依然放弃了原先的设计。从选取替代材料，到重新设计图纸，再到交付制作，店铺多花了整整三个月时间。瑞贝拉的掌柜说，要想让顾客给你好评，得先让自己试试能不能给好评。

原始烧烤是一家立足于上海本地的 O2O 店铺。2012 年 10 月，这家烧烤店仿照沃尔玛“啤酒 + 尿片”的营销组合，在店铺里推出了一款烧烤必备的面膜。烧烤店卖面膜是因为，掌柜发现光顾烧烤摊的客人大都年轻时尚，对皮肤护理有一定需求；而这些人常常聚在一起搞烧烤派对，推出面膜能吸引大批顾客的注意。

上架了另类的商品之后，店铺并没有为这款产品做任何的营销推广活动，只是在每次顾客询单、下单、购买之后，才由客服稍带提出这款面膜："在您参加过烧烤派对之后，这款面膜可以修护您被损伤的皮肤哦！"

当听到这样的推荐，大部分顾客都会选择下单。店铺里的大客户，甚至会一下子买下 50 张。这样的跨界卖货，并没有给人生搬硬套的感觉，反而让顾客多了一份店铺为他们着想的印象。

Ms SHE 是一家大码女装店，店铺主营的商品是 OL（白领女性）风大码女装。大码女装不比一般的服装，由于每个女性胖的部位不同，大码女装究竟如何才能迎合每个消费者的需求，便是 Ms SHE 首先需要解决的难题。

在接受询单的时候，顾客一般不喜欢透露自己身材上的缺陷；而询问顾客体重，则对介绍码数毫无作用。因此，出售大码女装，需要用更专业的方式：向顾客询问腰围、胸围、大腿围等精确数据，然后通过这些数据来确定买家身材上的特点，从而设计出更好卖的款式。在样品出来的时候，店铺不定期地从会员中挑选老顾客前来试穿，又将老顾客提出的意见汇总起来，让顾客有享受定制化服务的乐趣。

香约是经营香膏的一家天猫店。在确立品牌调性时，店铺避免了"中国制造"这一低价的代名词，而选择以上海制造赋予顾客品牌具有老上海风情的印象。从顾客的角度出发，他们不希望自己钟爱的品牌是随波逐流的，因此品牌对于傍热点、上聚划算均不热衷。

另一方面，在微博等 SNS 渠道上，店铺费尽心思地将用户和自己绑定，还将顾客生成的内容编辑成微刊，在微博和掌柜说上发布，与顾客进行互动。店铺官网也尽量和每一个顾客对话，不仅仅将 SNS 作为品牌传播的渠道，更要做出与顾客互动交流的姿态。重视顾客，将顾客视为品牌的一部分，才能赢得顾客的尊重。

小品牌因为体量小、灵活度大，因此反而比大品牌更有机会协调自己的顾客群需求，也更有可能成为顾客的朋友。对店铺来说，不一定能兼顾每一个顾客，但是培养出一批愿意发声的顾客，必然会让更多的顾客感受到品牌对服务的重视。

（文丨赵军）

图书在版编目(CIP)数据

一本书玩转淘宝七大引流利器 / 卖家编著. —北京：中国友谊出版公司，2014.1(2014.8 重印)

ISBN 978-7-5057-3330-5

Ⅰ.①一… Ⅱ.①卖… Ⅲ.①电子商务－商业经营－中国 Ⅳ.①F724.6

中国版本图书馆 CIP数据核字(2013)第 307676 号

书名 一本书玩转淘宝七大引流利器

作者 《卖家》

出版 中国友谊出版公司

发行 杭州飞阅图书有限公司

经销 新华书店

印刷 杭州钱江彩色印务有限公司

规格 710×980 毫米 16 开

14.75 印张 183 千字

版次 2014 年 1 月第 1 版

印次 2014 年 8 月第 3 次印刷

书号 ISBN 978-7-5057-3330-5

定价 39.00 元

地址 北京市朝阳区西坝河南里 17 号楼

邮编 100028

电话 (010) 64668676